TOKYO DISNEY RESORT® Photography Project

Imagining the Magic
Cinderella Castle 100

東京ディズニーリゾート シンデレラ城 夢と魔法の100

CONTENTS

Special Scene 6
巨大な絵本となったシンデレラ城で公演される「ワンス・アポン・ア・タイム」の感動シーン。

Season 14
四季の彩りをまとった、キャッスルが魅せるまばゆい春夏秋冬の立ち姿。

Anniversary 40
シンデレラ城にディズニーキャラクター、キャストが集ったアニバーサリーイベント。

Countdown Party 46
新年に向けてみんなでカウントダウンした、熱狂的なパーティー。

Fireworks 52
パーク一日のハイライト。シンデレラ城と花火が共演する最高の瞬間。

Disney Characters 60
ステージショー、パレード、フォトロケーションで活躍するミッキーたちとシンデレラ城。

Landscape 70
緑の木々と水辺に映える、一枚の絵画のようなキャッスルの聖姿。

Fantasy *78*
虹や日蝕など、普段見られないファンタジックでアメージングなパークシーン。

Daytime *84*
降り注ぐ陽光や青空などに映える、さまざまな景観を見せるデイタイムのシンデレラ城。

Nighttime *92*
神々しい月光に照らされ、イルミネーションとともにきらめく、夜のシンデレラ城の世界。

Night Entertainment *100*
シンデレラ城とステージで披露される、すばらしきナイト・エンターテイメント。

Cinderella Castle Chronicle *110*
グランドオープンから2015年までの、シンデレラ城の歴史と公演イベントなどを紹介。

Index *113*
写真集に掲載している、100+11の作品のデータ紹介。

※作品の片隅に記載している合番（001～100）とアルファベット（A～K）は、P113のIndex（インデックス）に掲載している番号とリンクしています。

Special Scene

シンデレラ城を舞台に、ディズニーの名作が
絵本をめくるように披露される、感動のナイトエンターテイメント。

B

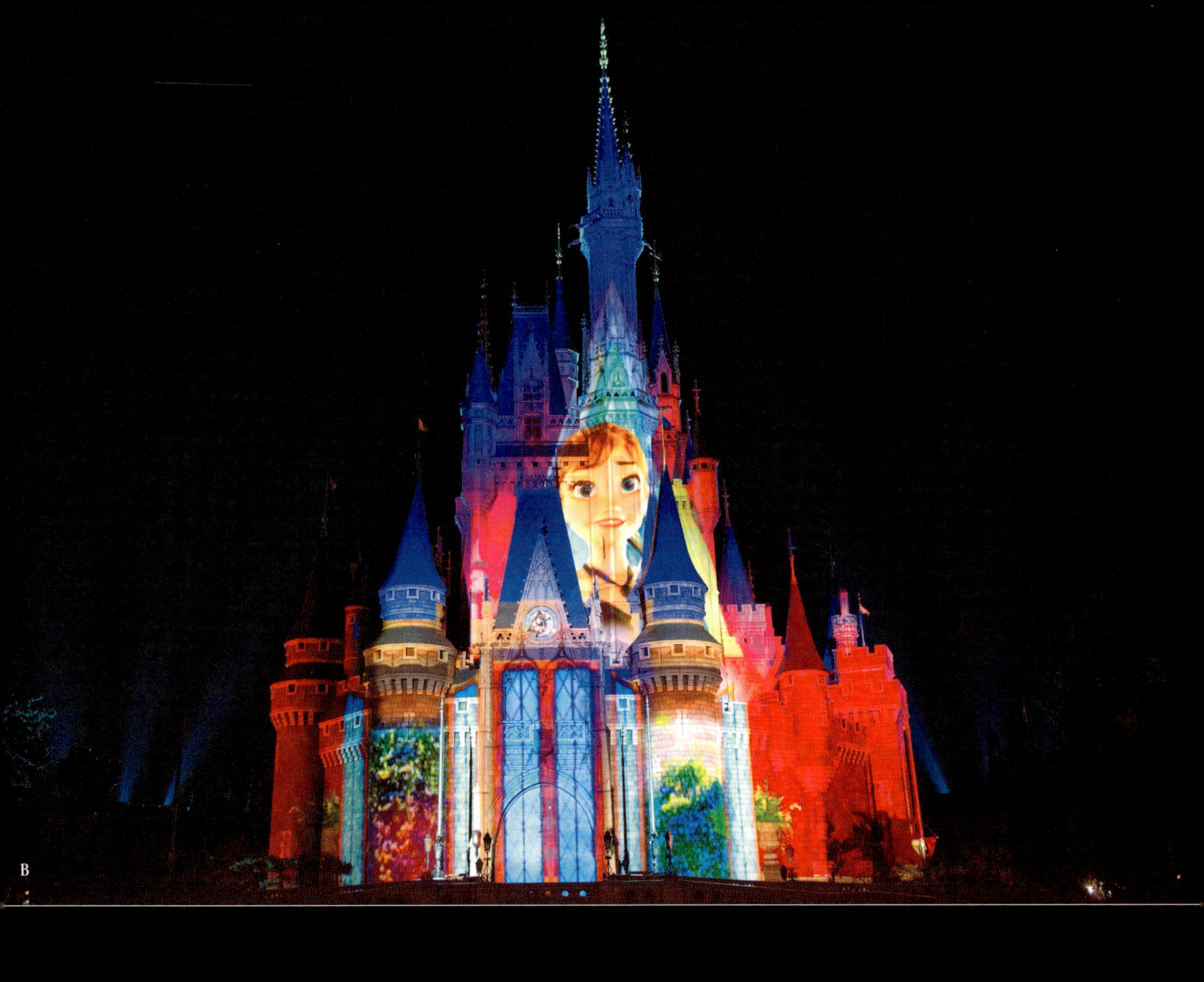

C

D

E

H

I

J

K

Season

桜咲く春、情熱的な祭りに歓喜する夏、
おばけたちにあふれる秋、雪化粧する冬……。
四季の景観で見る、シンデレラ城の美しい姿。

010

011

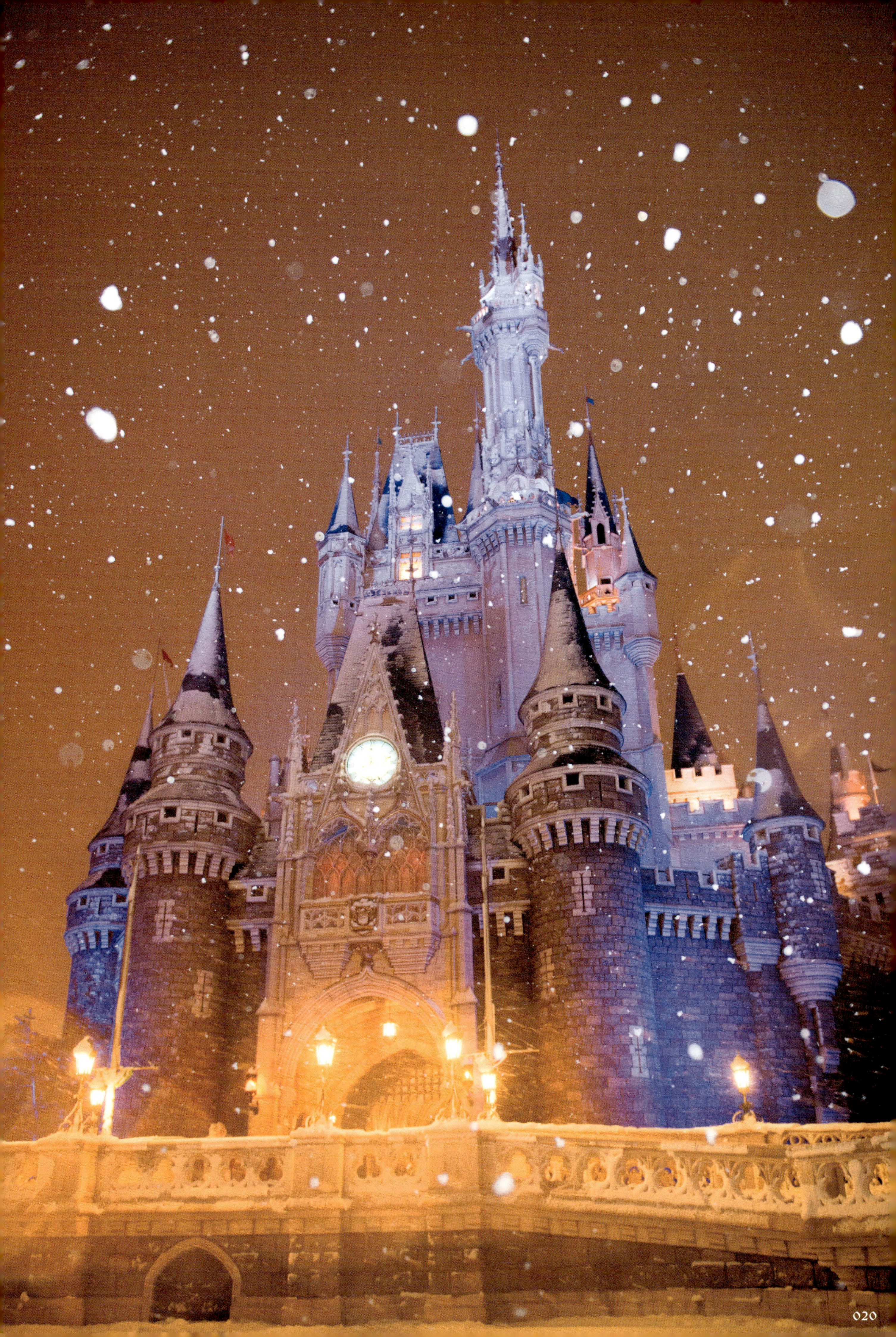

021

022

023

Anniversary

4月15日は特別な日。
キャラクターもキャストもシンデレラ城前で
ハッピー・アニバーサリー！

025

026

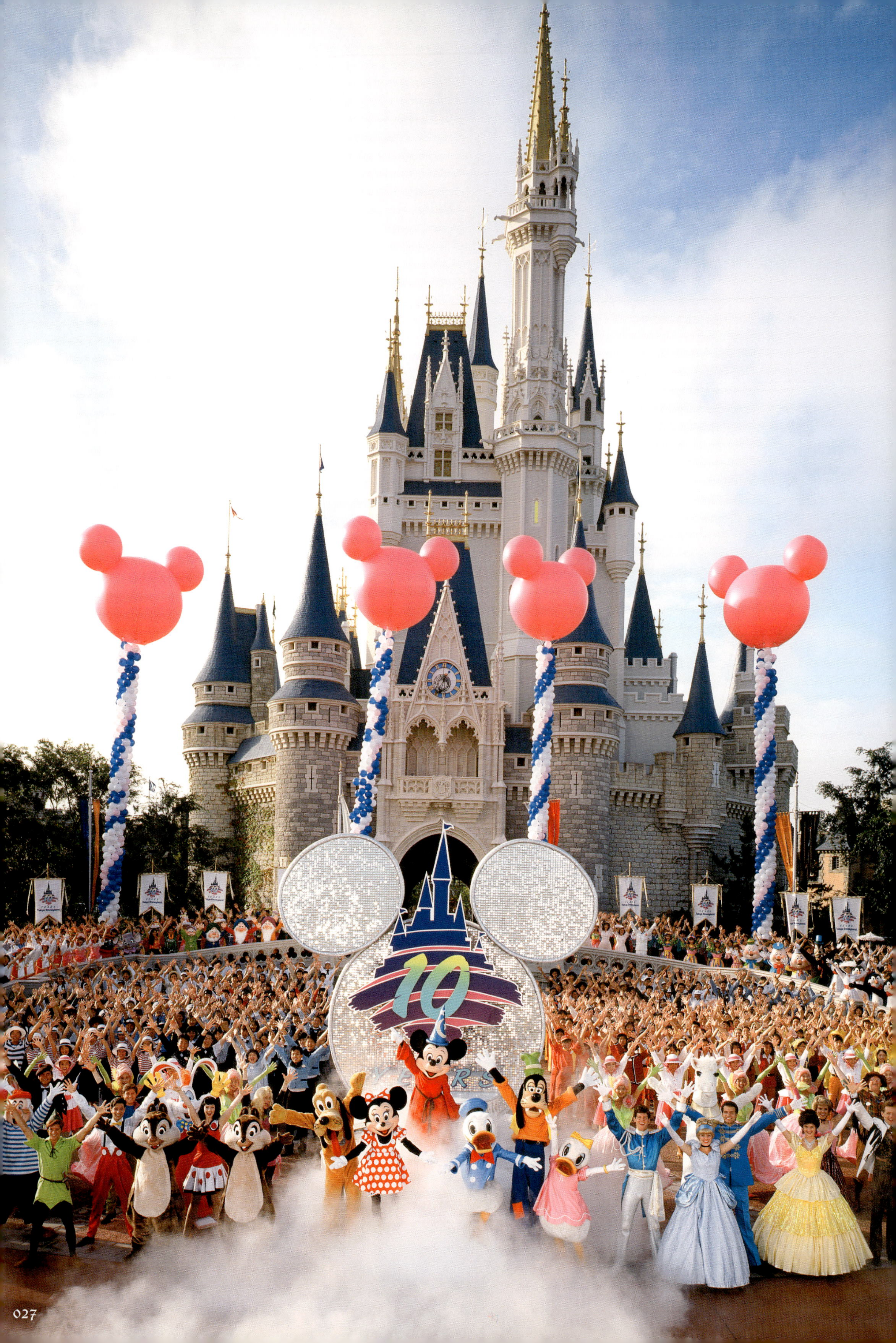
10

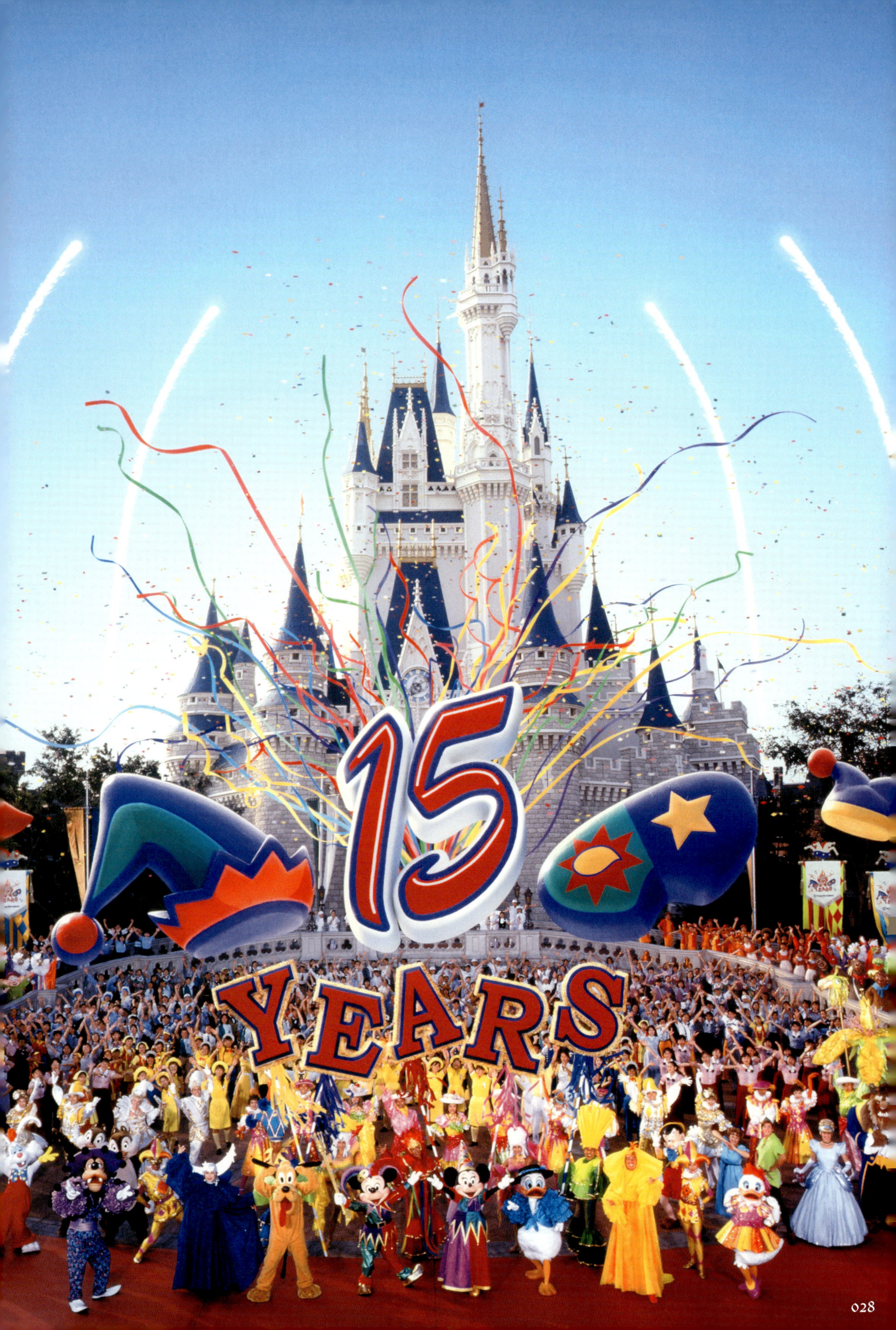
15
YEARS

20
YEARS
THE KINGDOM OF DREAMS & MAGIC
DISNEY GIFTS
PENNY ARCADE

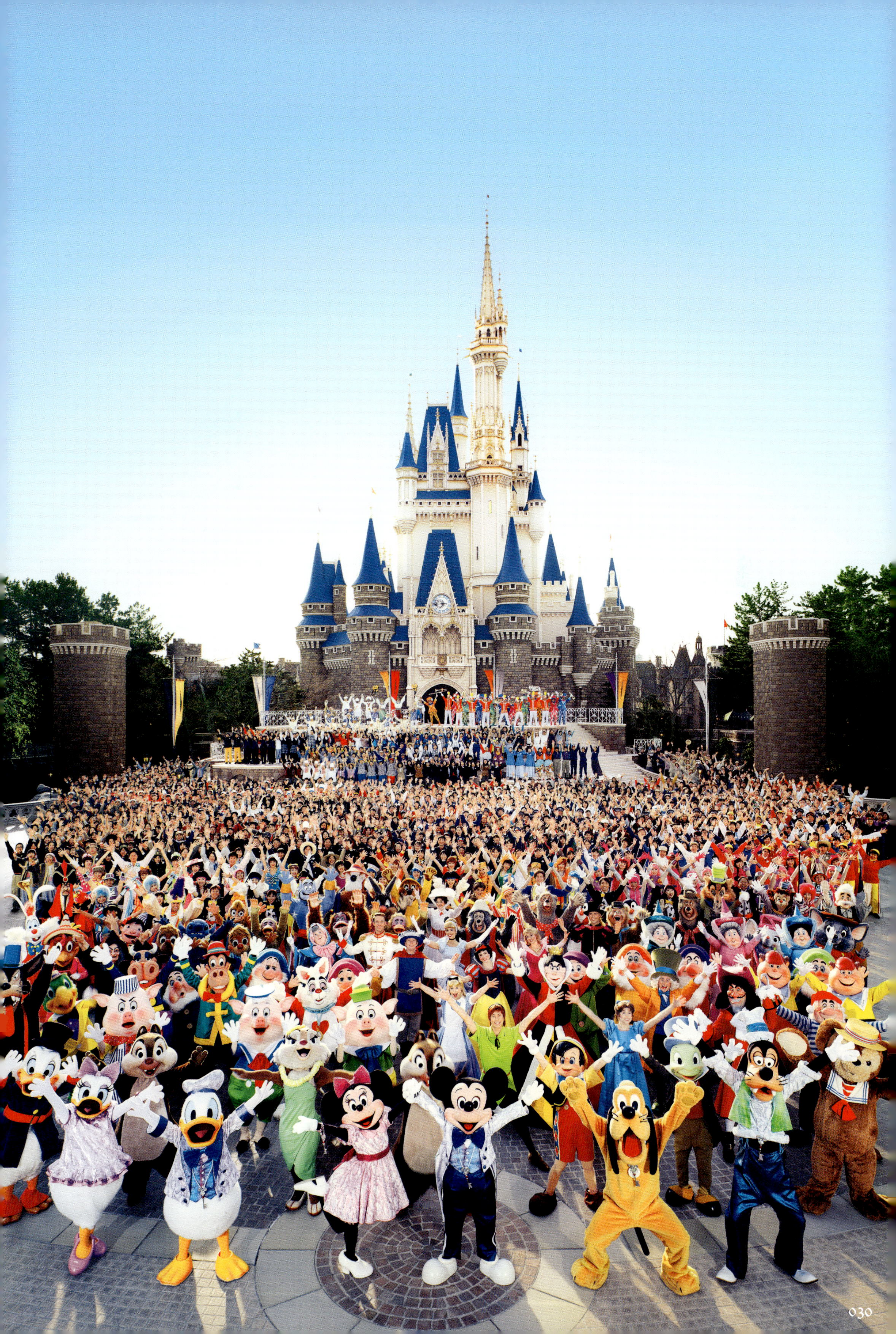

Countdown Party

大晦日限りのスペシャルなパーティー。
パークとゲストが、最高の気分になれる瞬間。

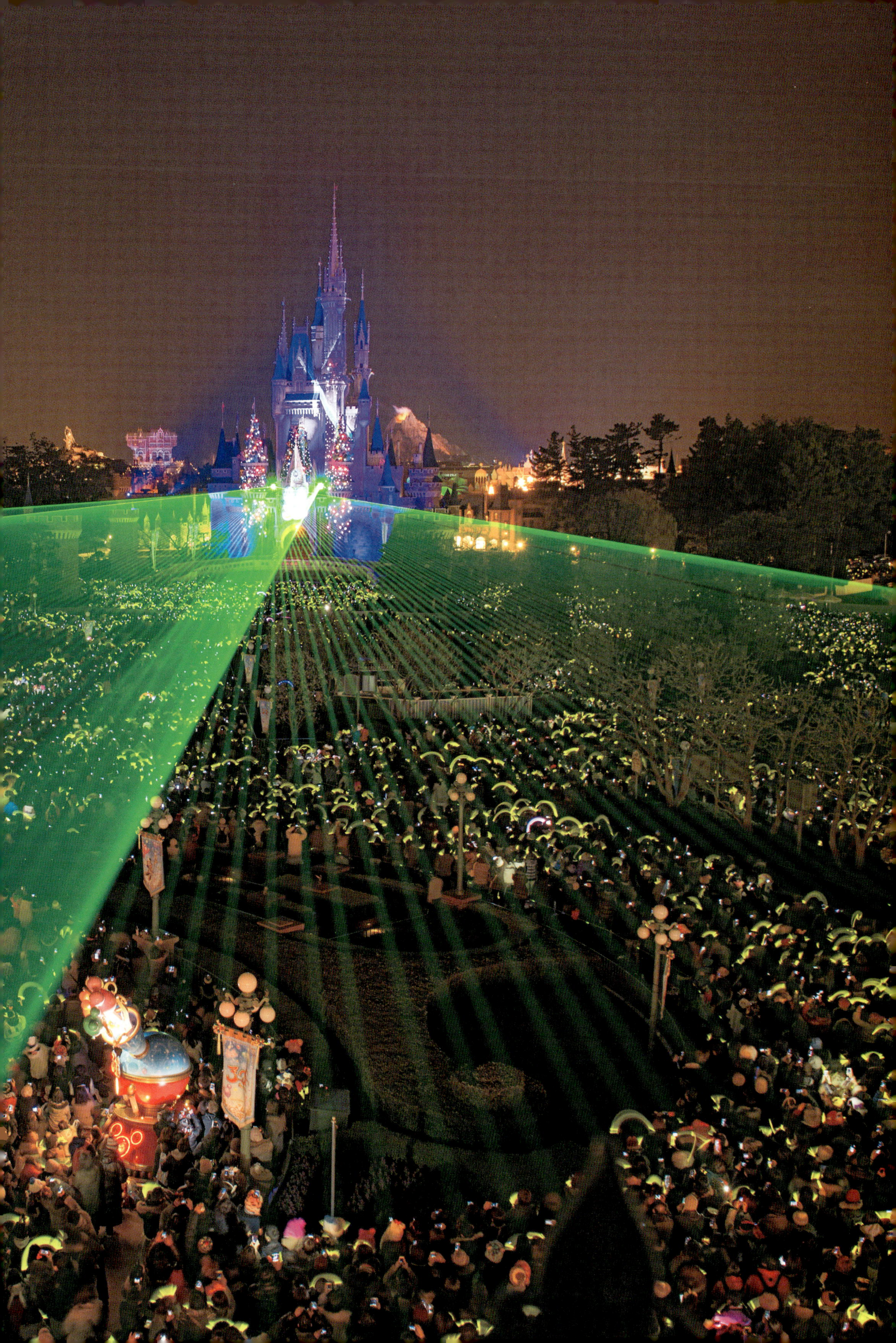

032

033

034

035

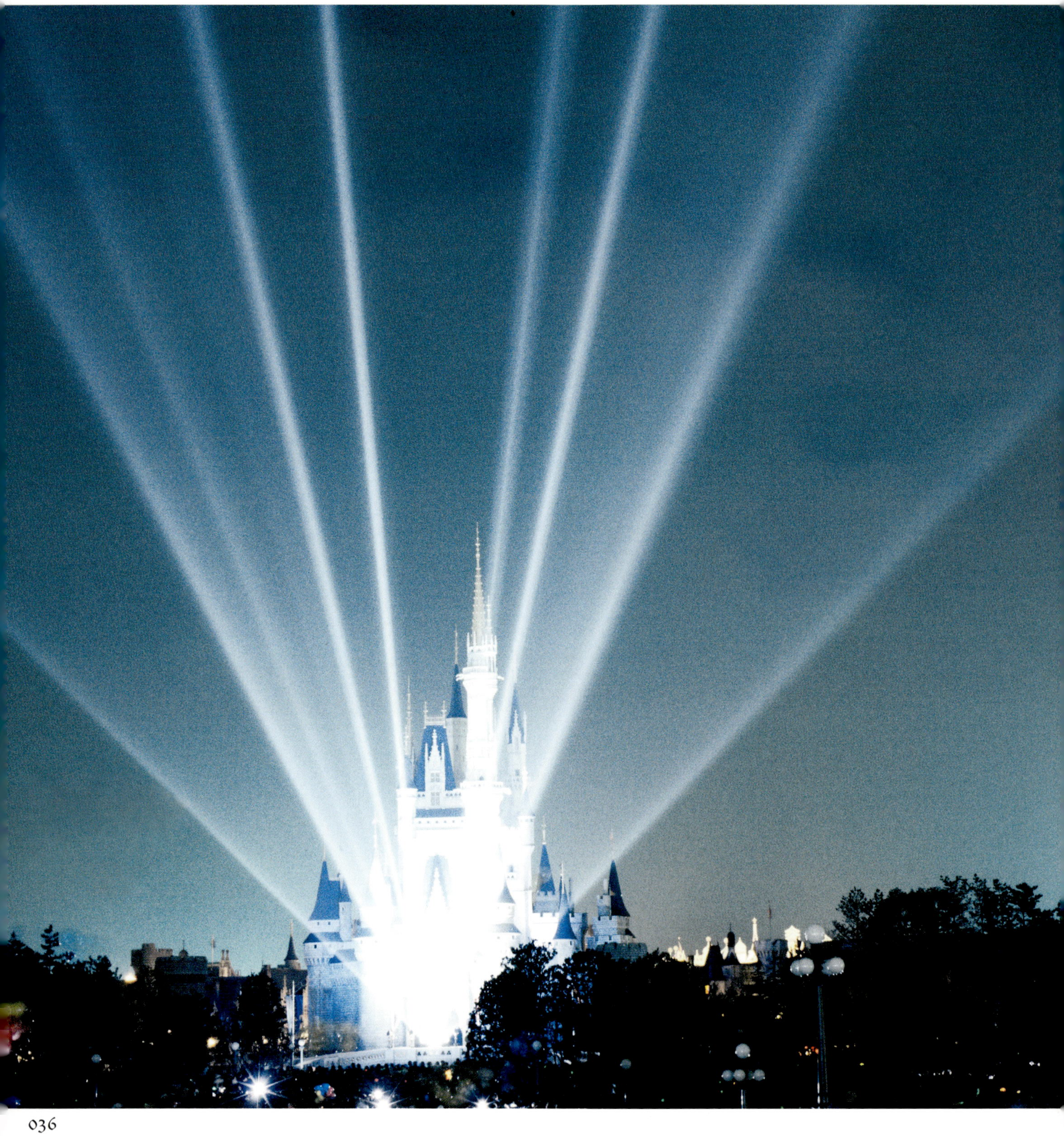

037

Fireworks

キャッスルと幾千もの花火、
そして音楽との華やかな共演に感動する、一日のハイライト。

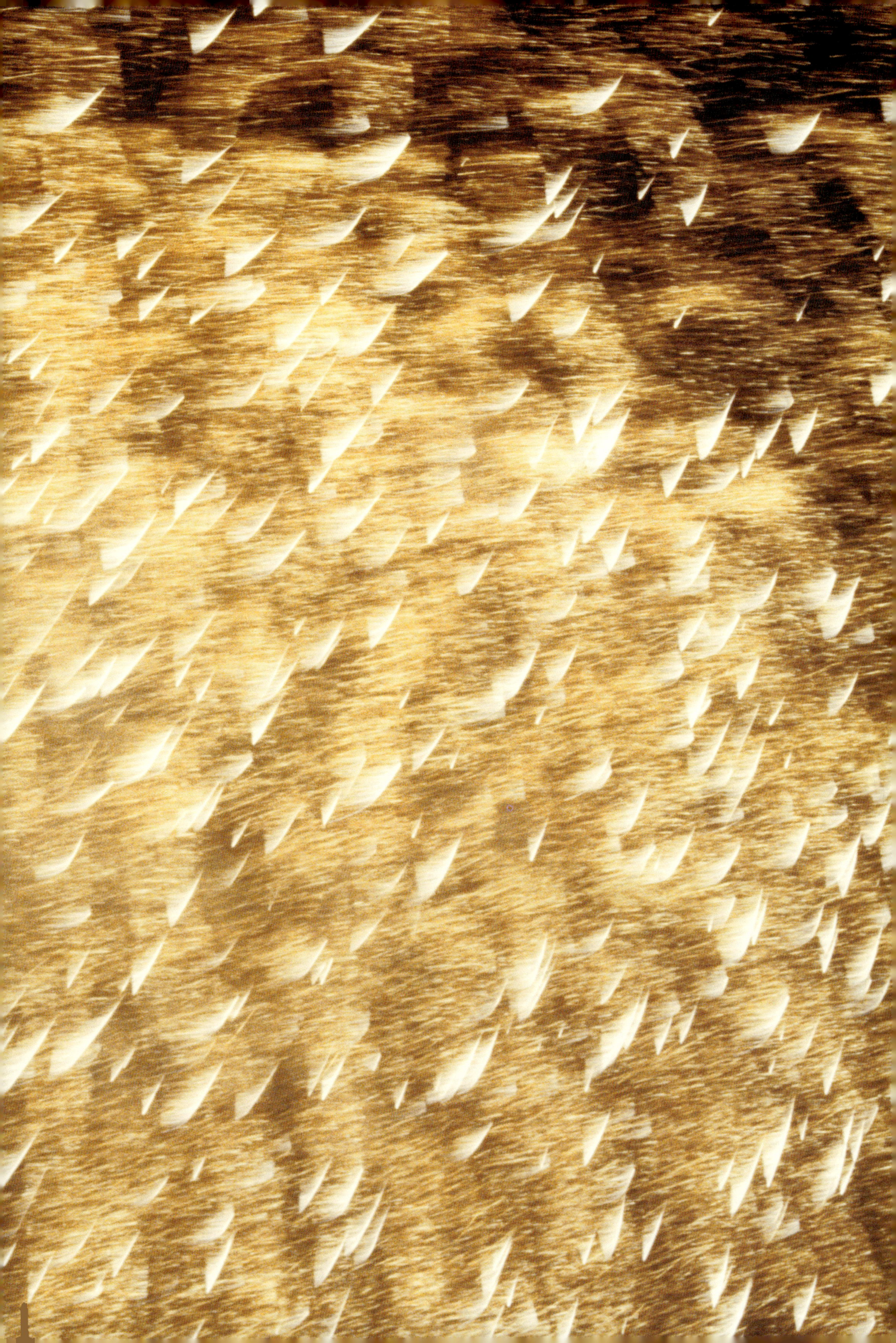

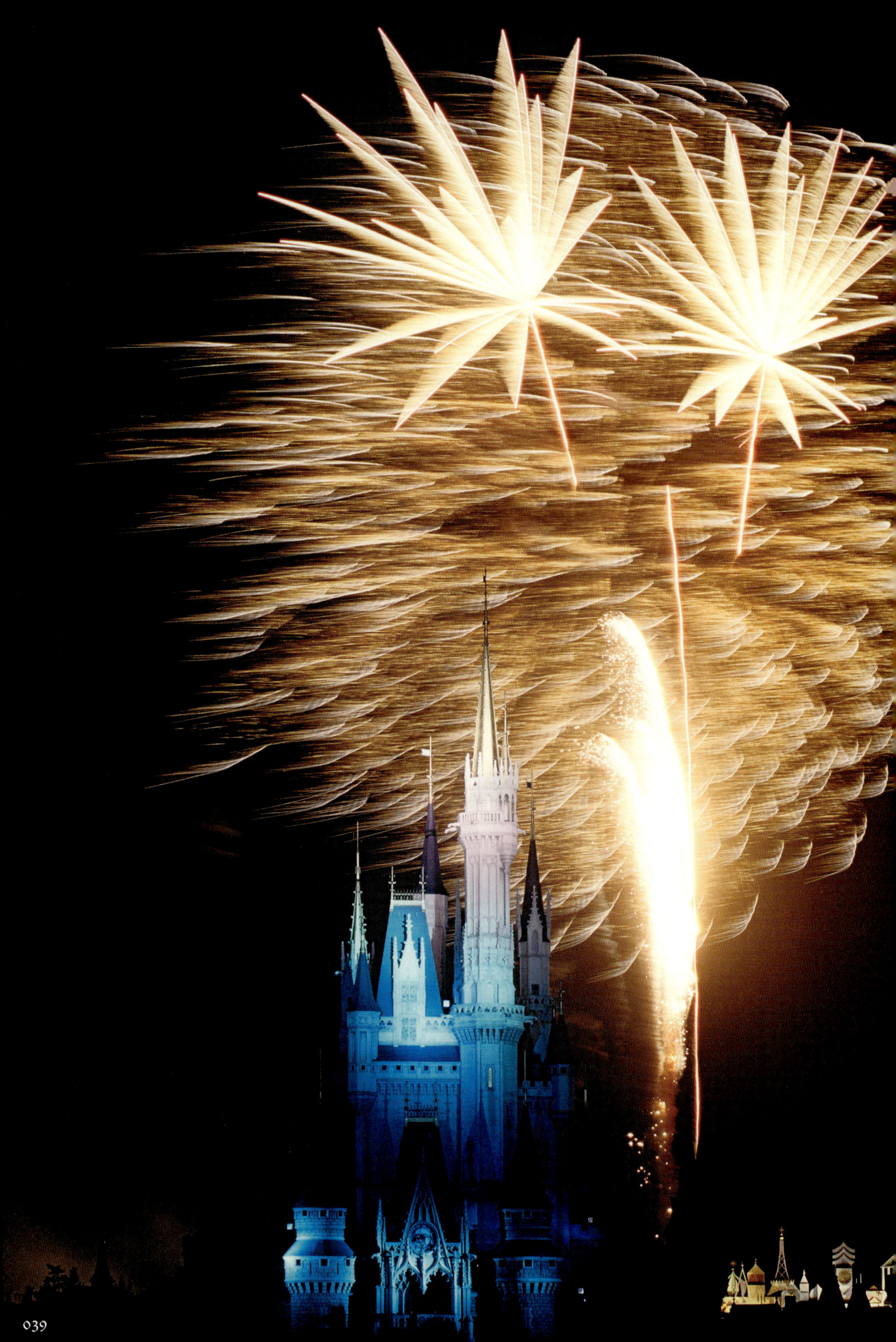

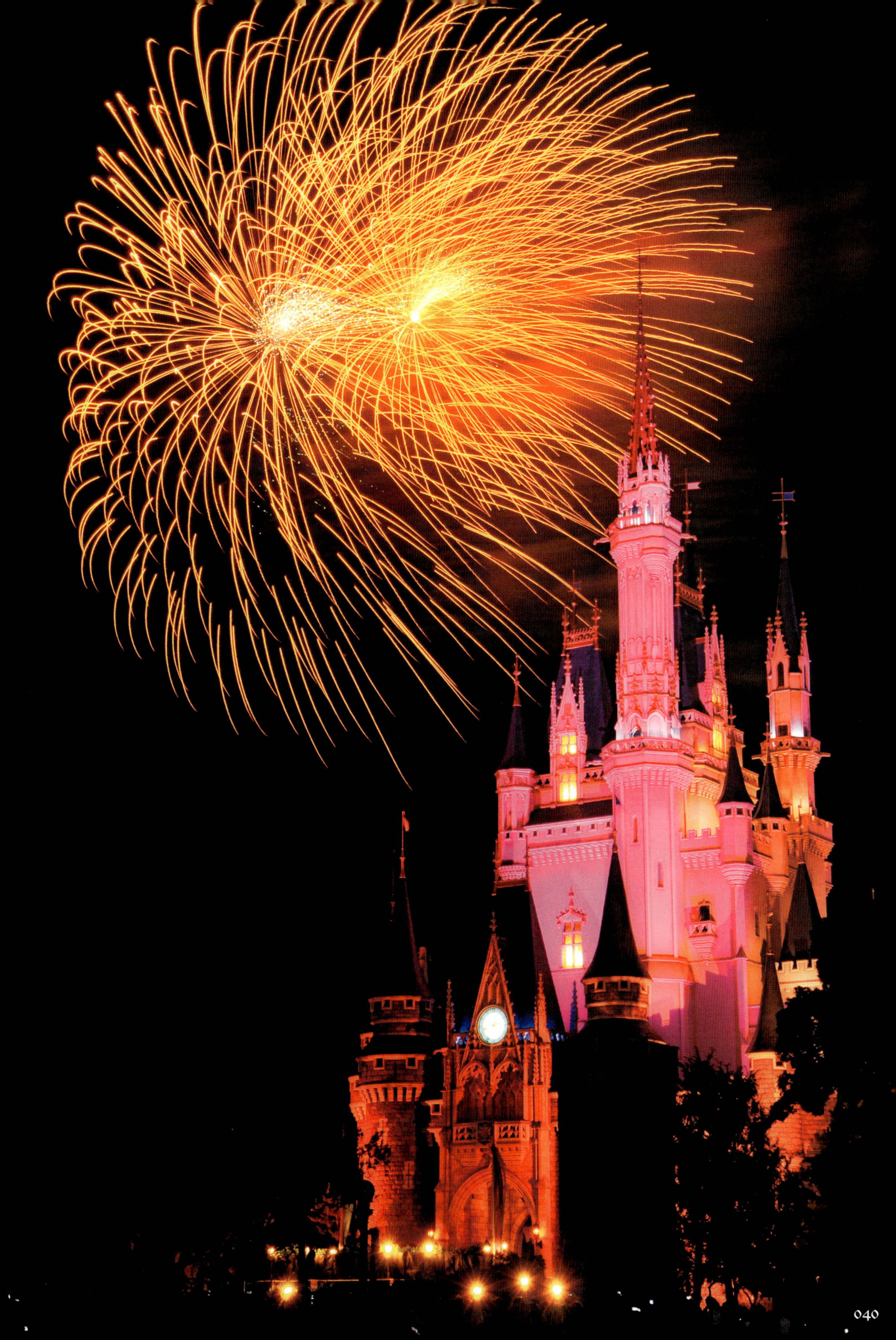

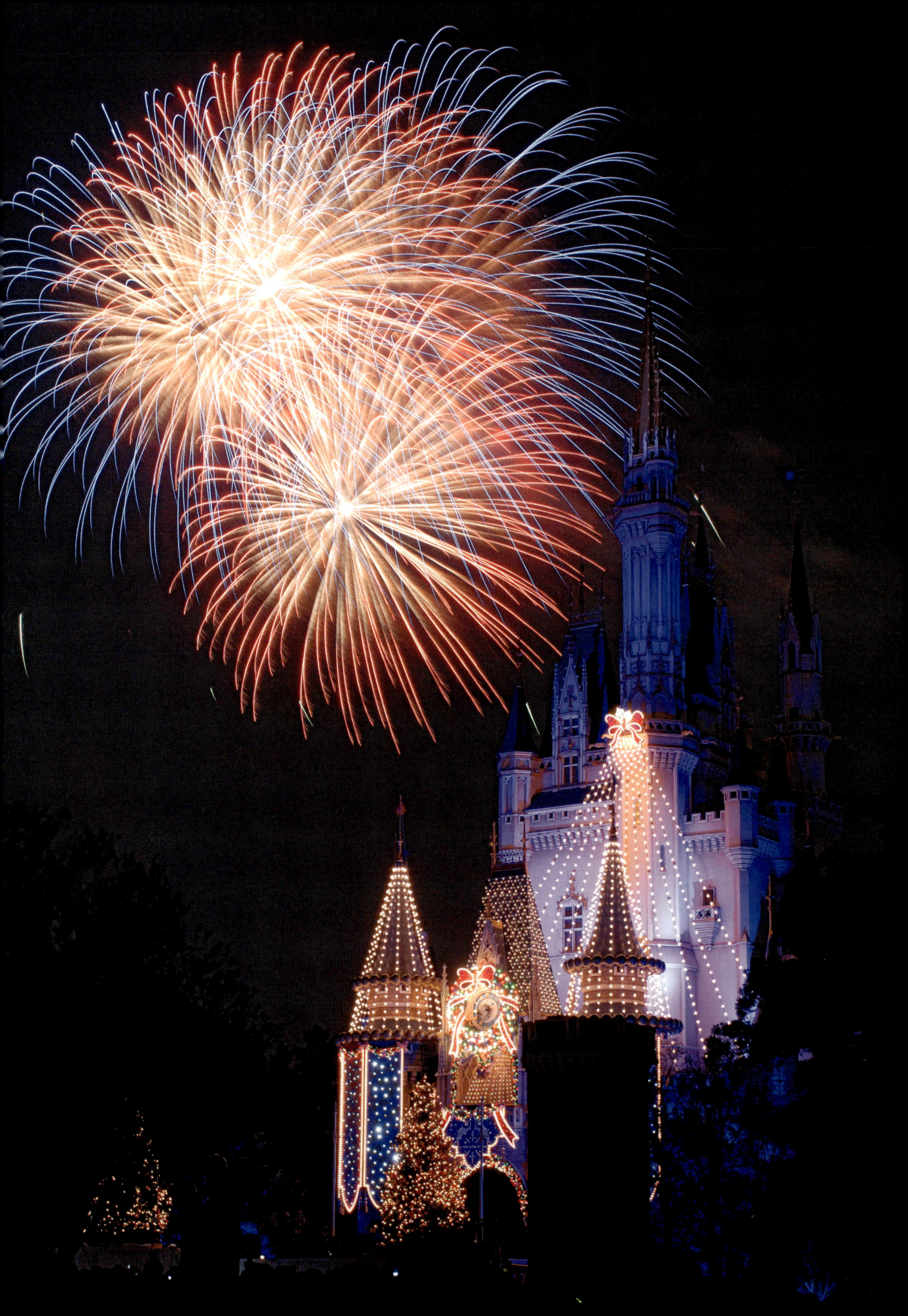

042

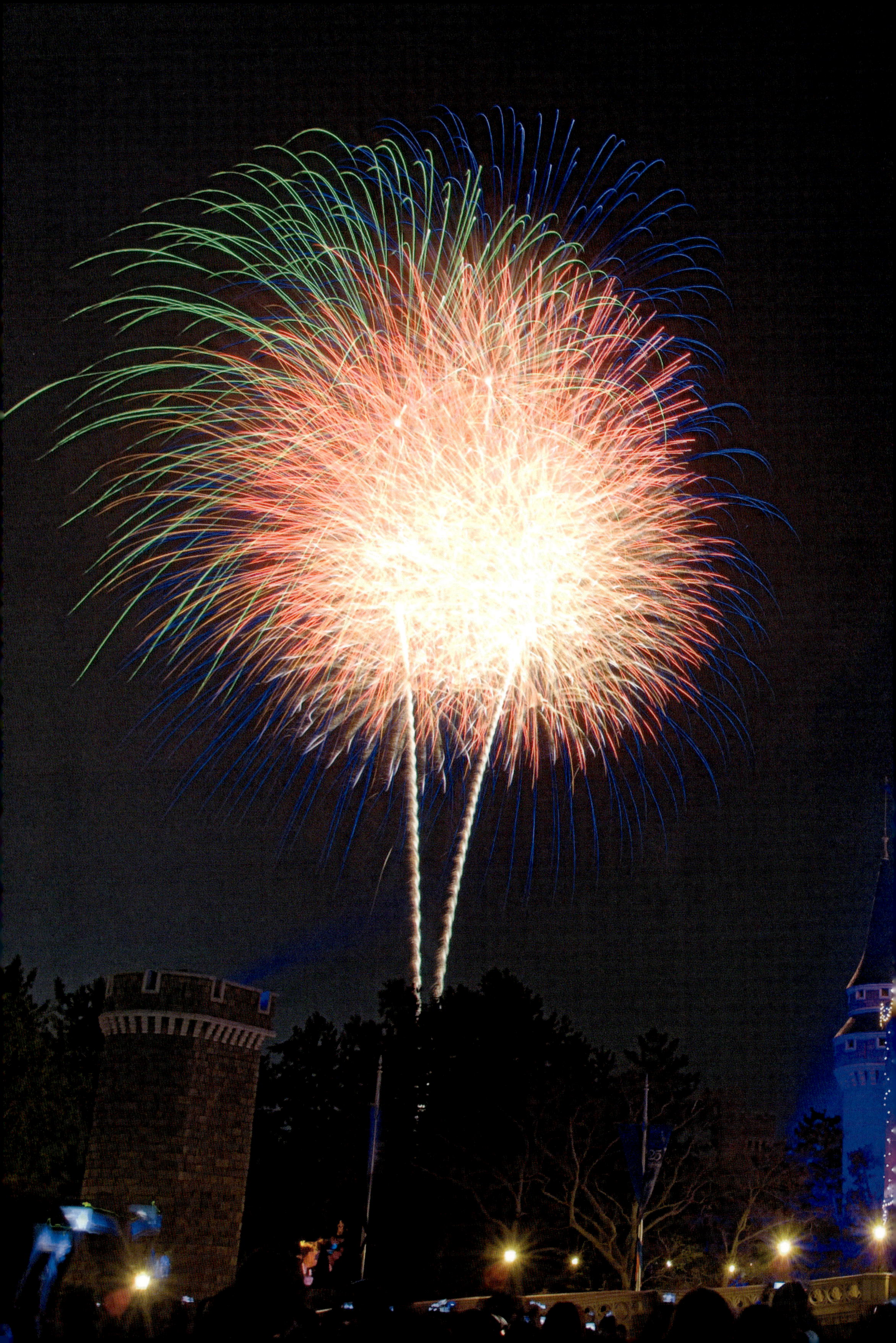

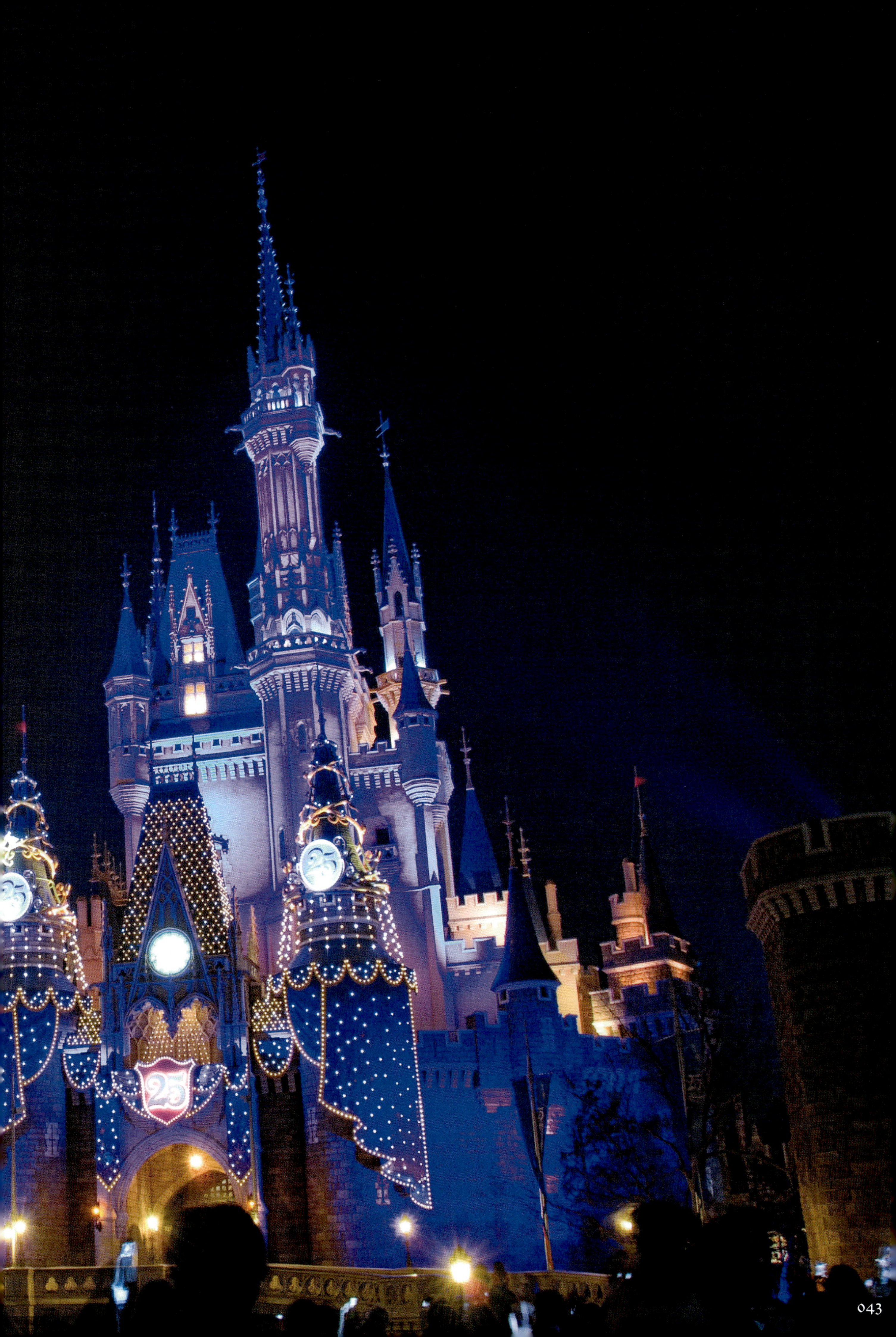
25
25
25

Disney Characters

ディズニーの仲間たちが、
シンデレラ城を背景にしたシーンで
ショー＆パレード、フォトロケーションで活躍。

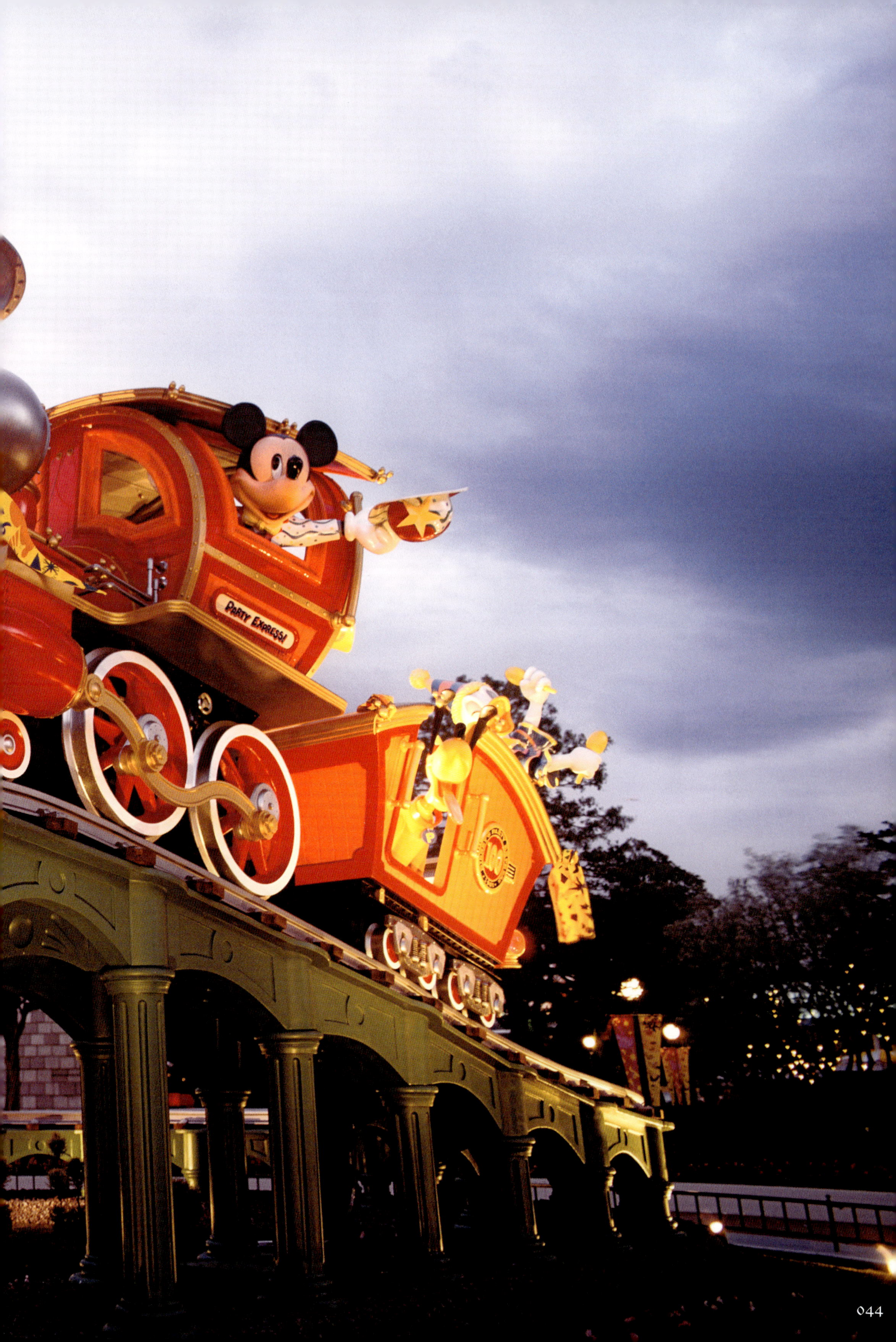
PARTY EXPRESS!

045

046

047

048

049

050

051

052

053

054

055

056

057

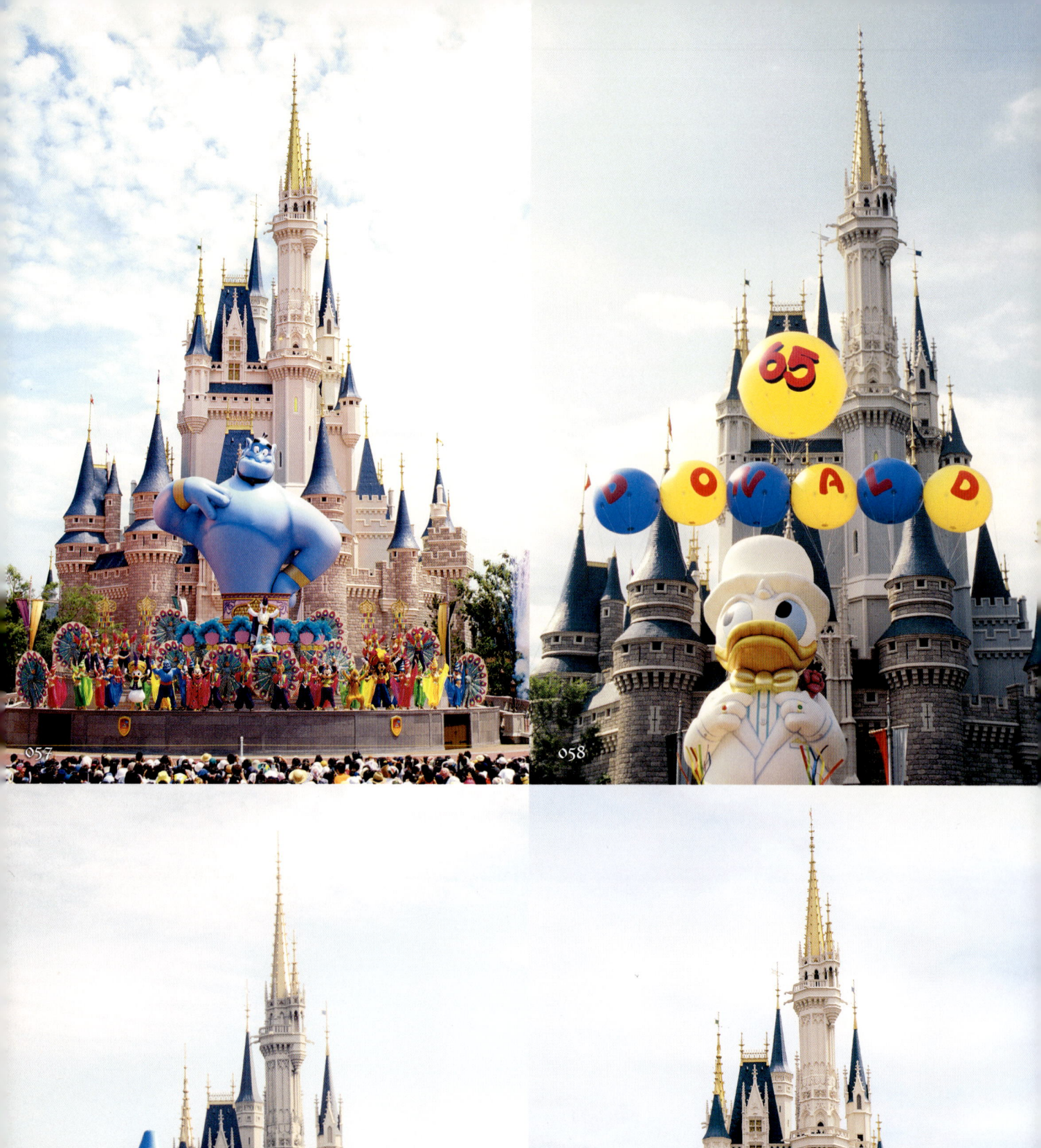

058

059

060

061

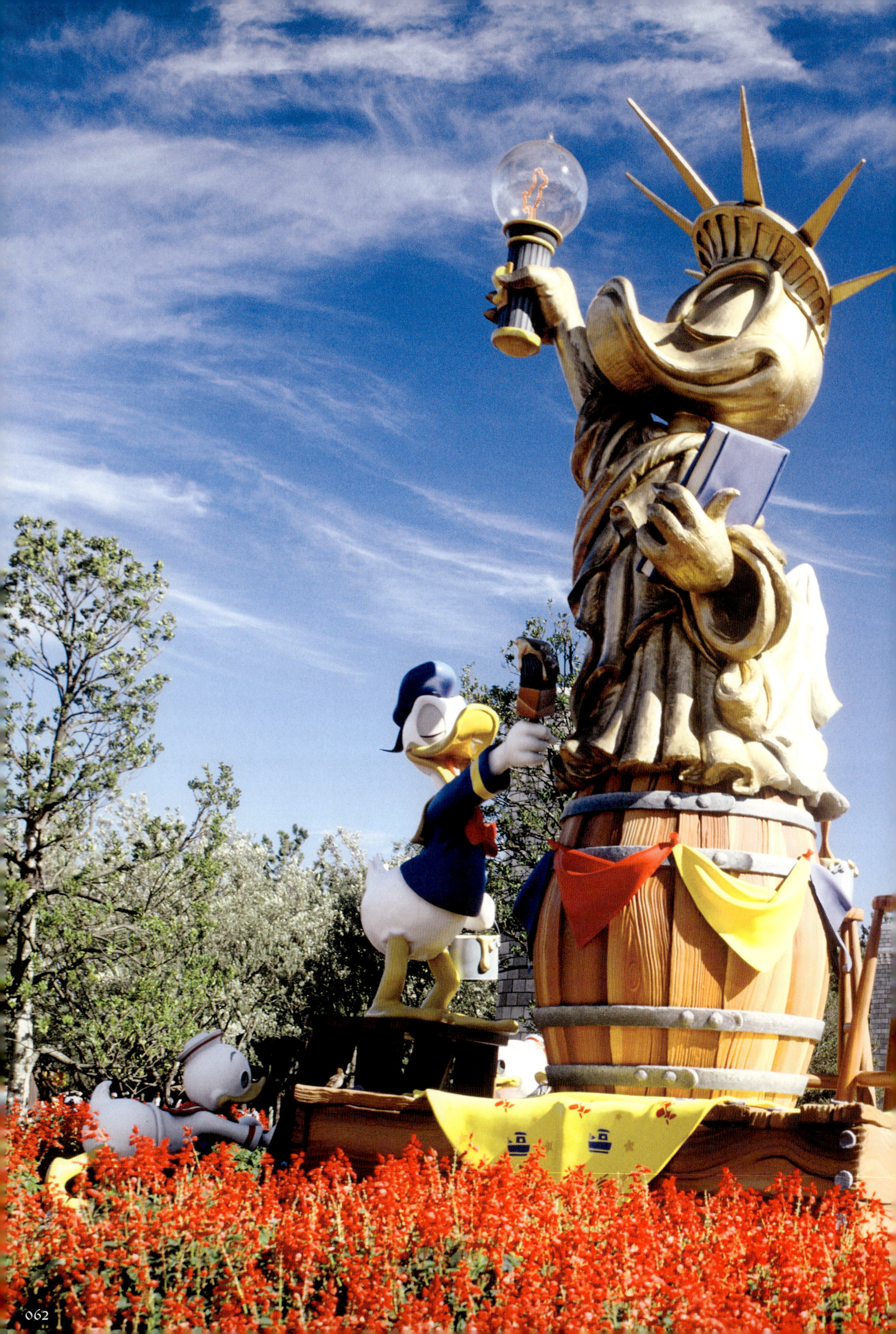

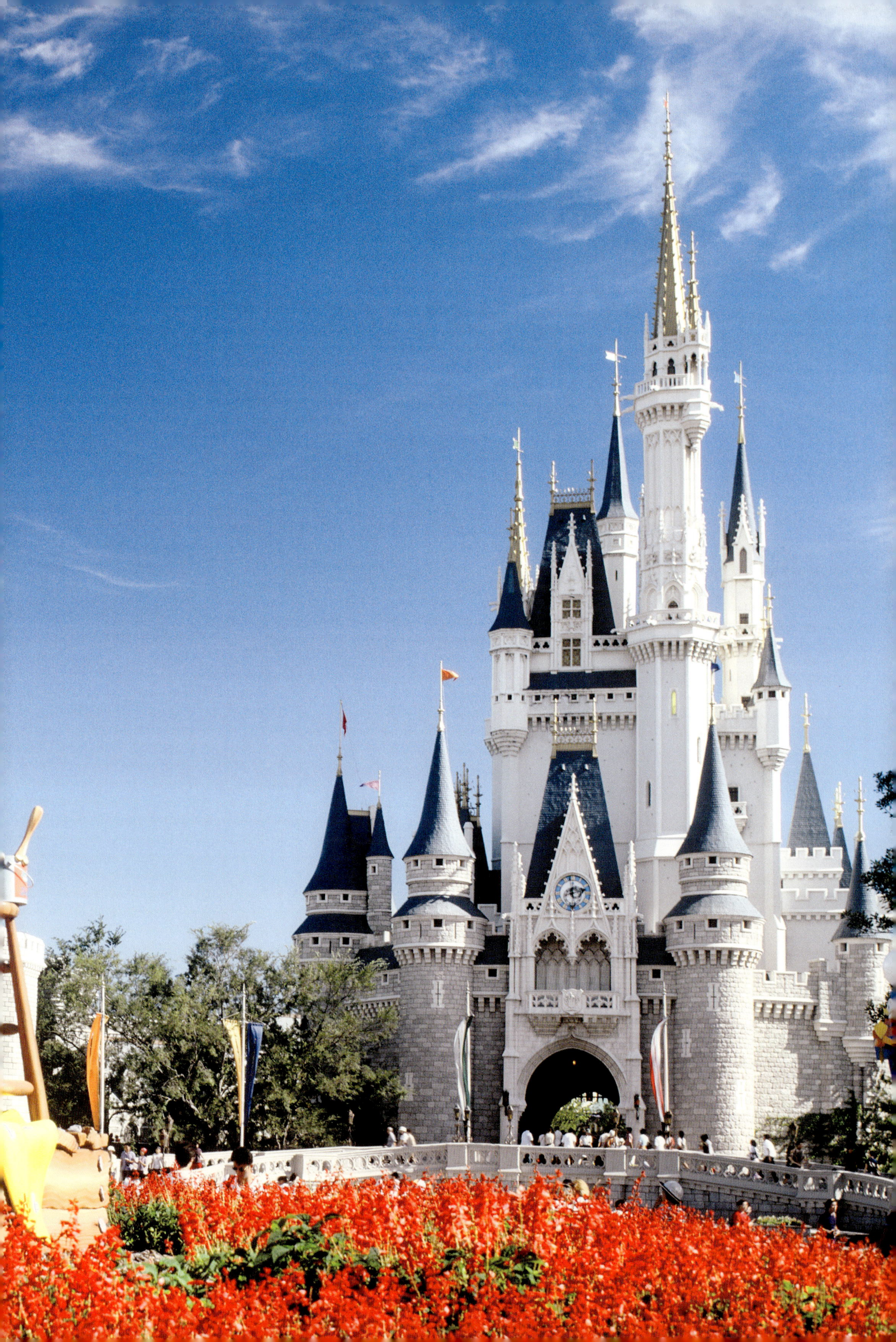

ℒandscape

緑の木々のあいだから覗くシンデレラ城、
水辺に映るキャッスル。
まるで一枚の絵画のような姿に感激。

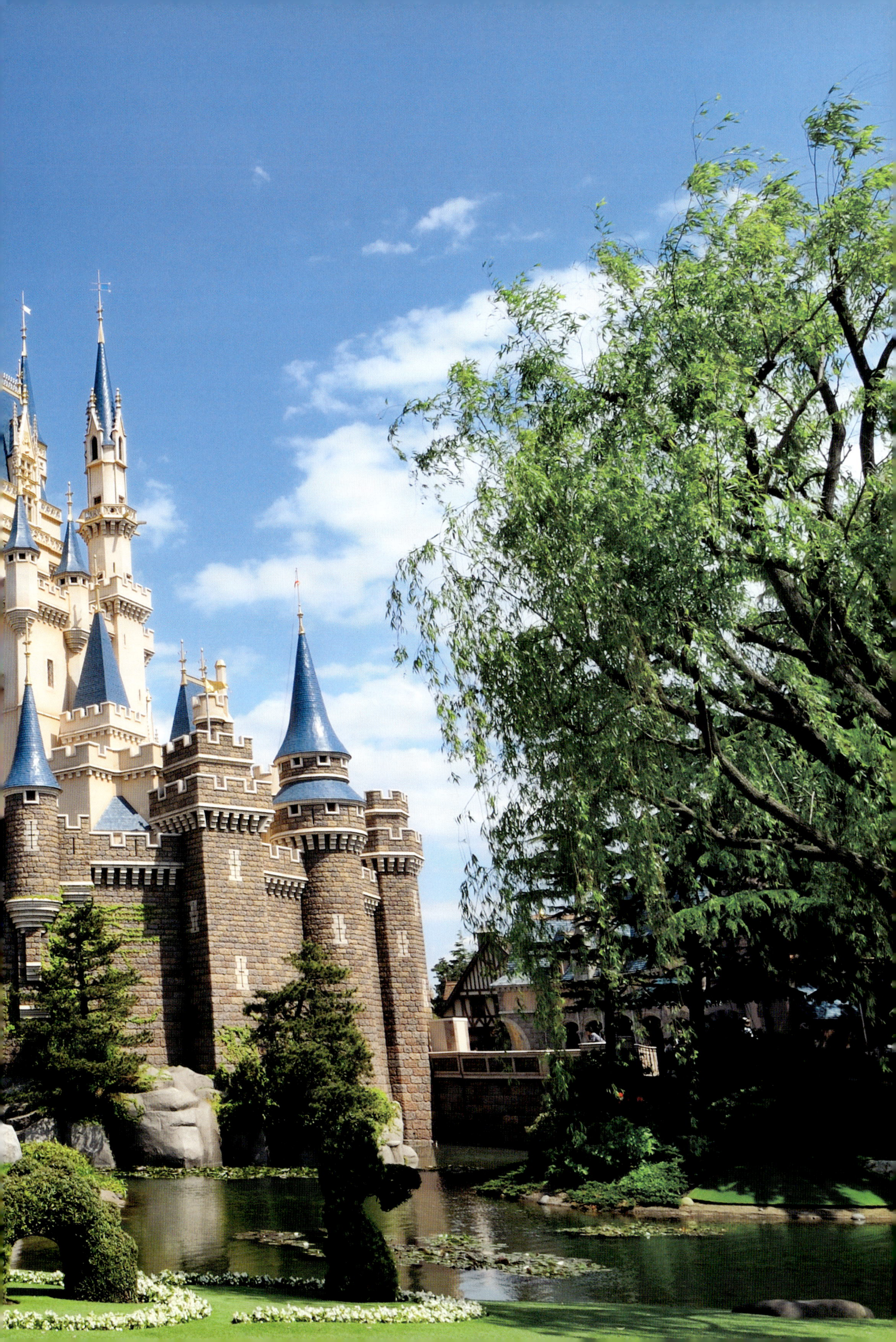

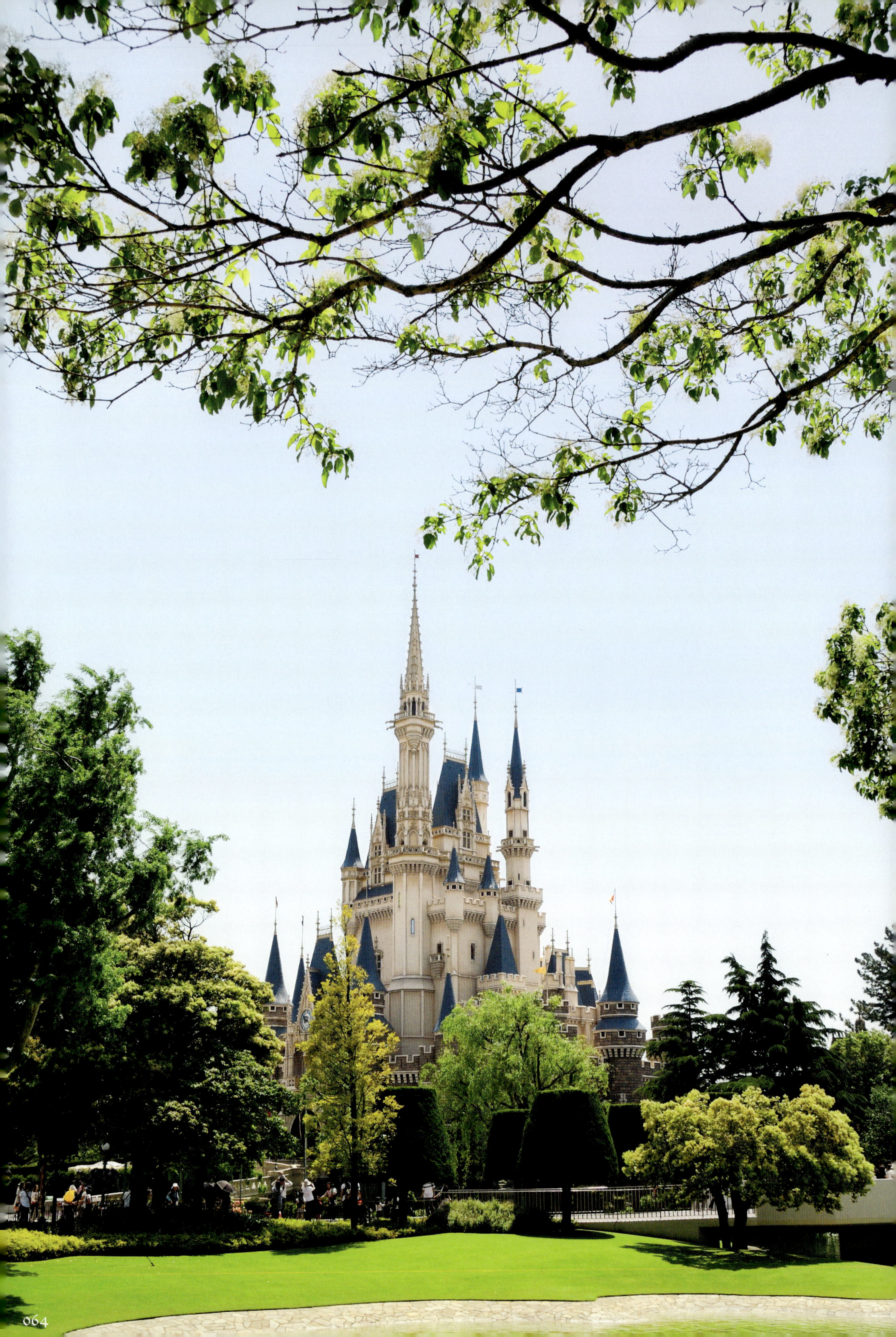

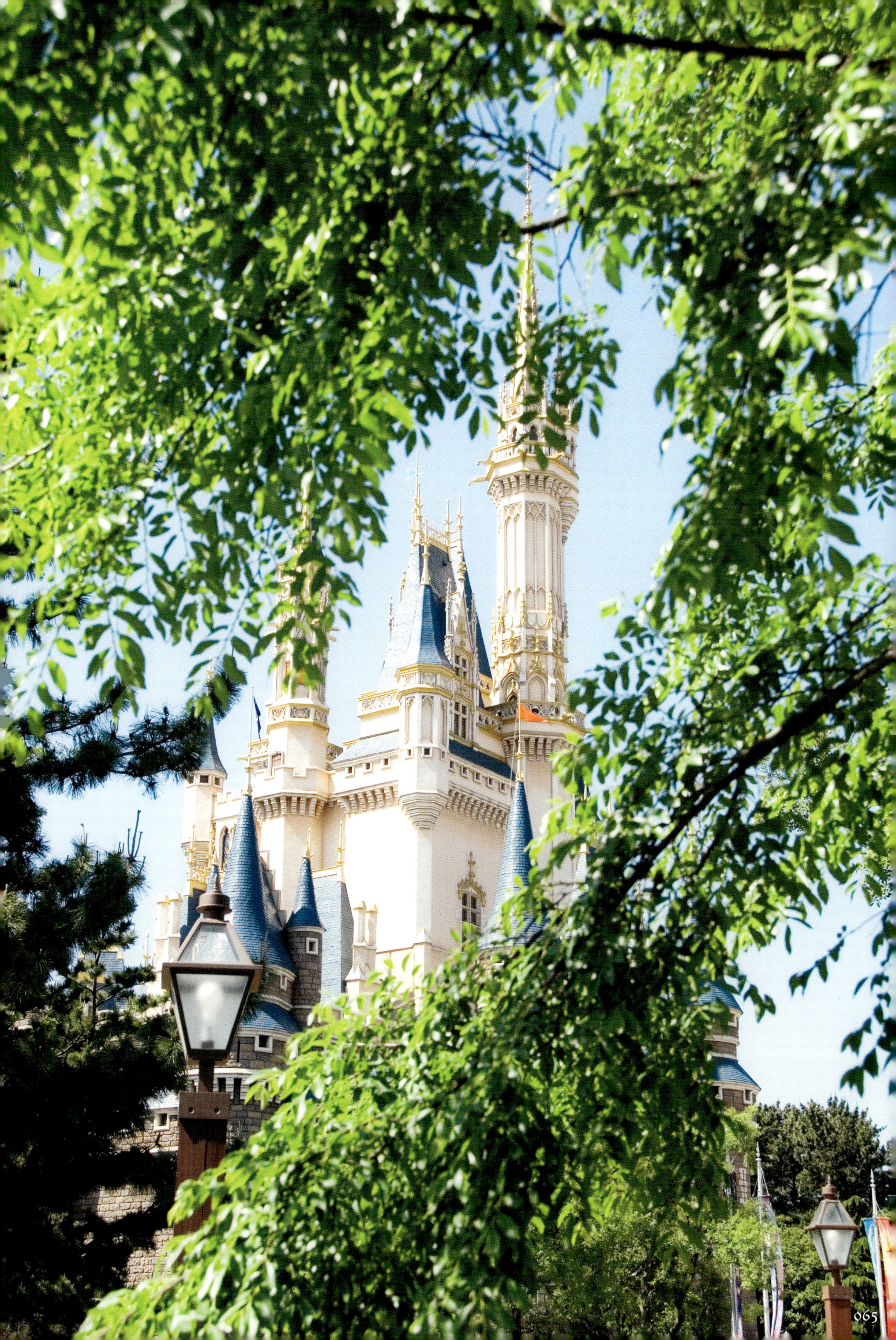

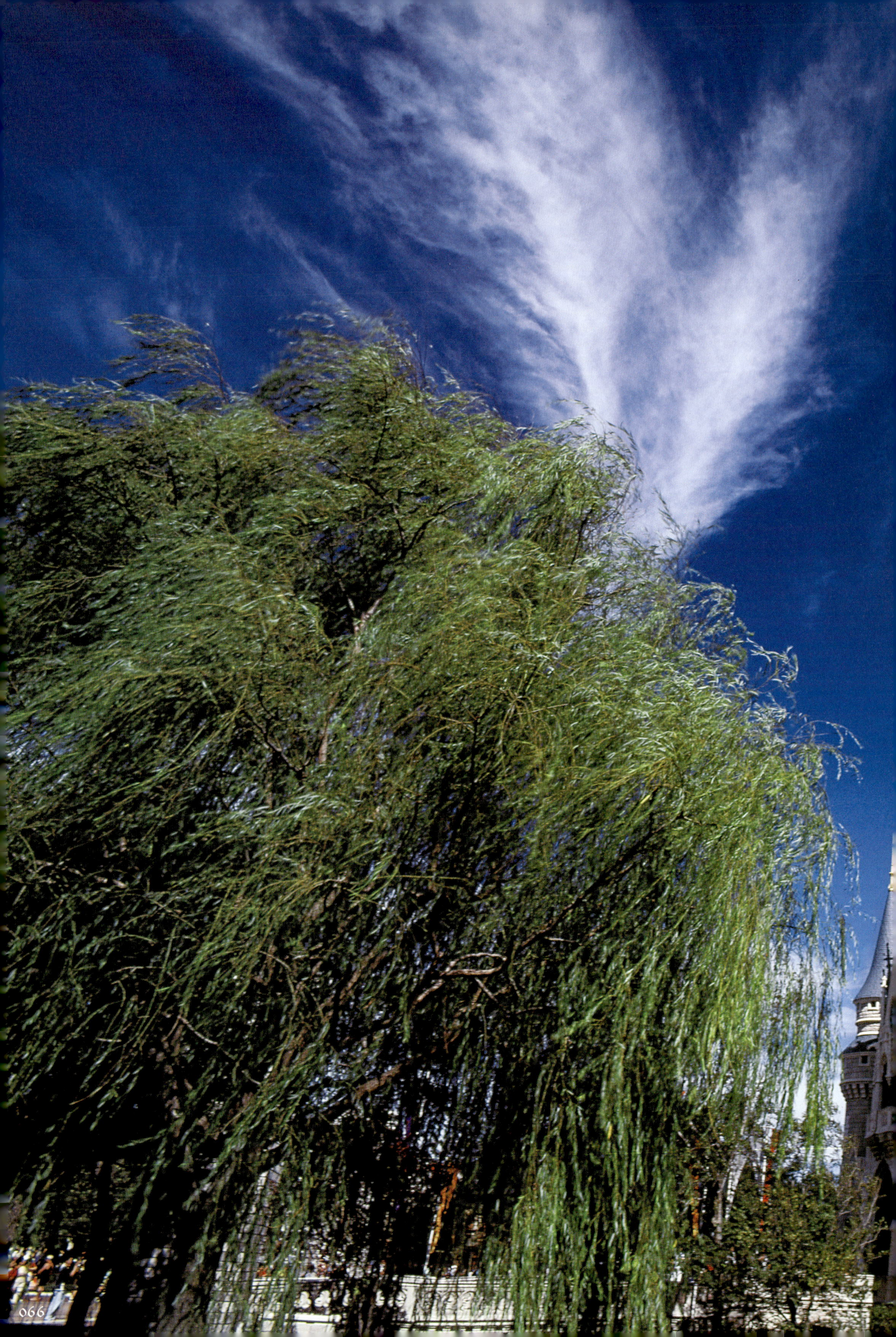

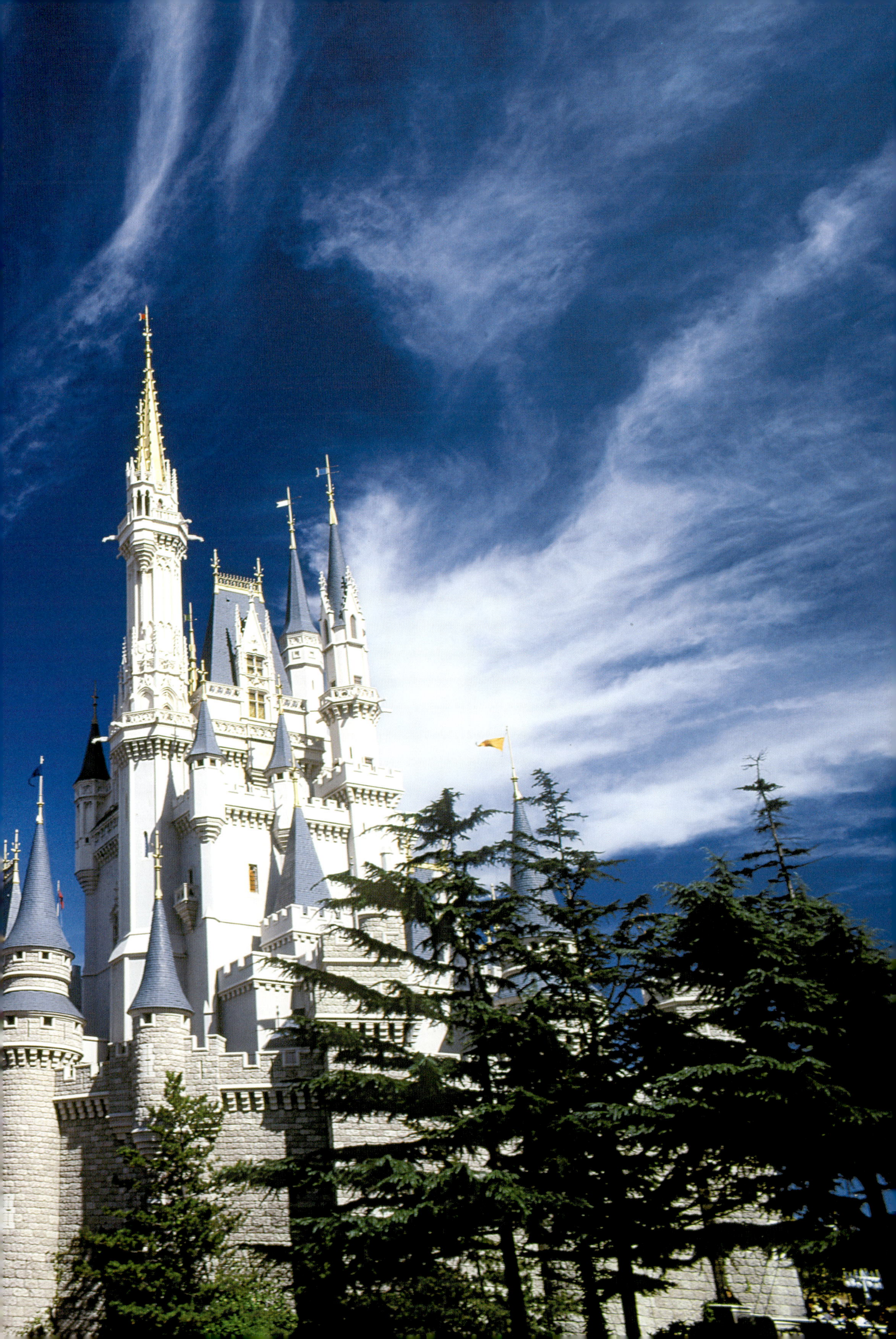

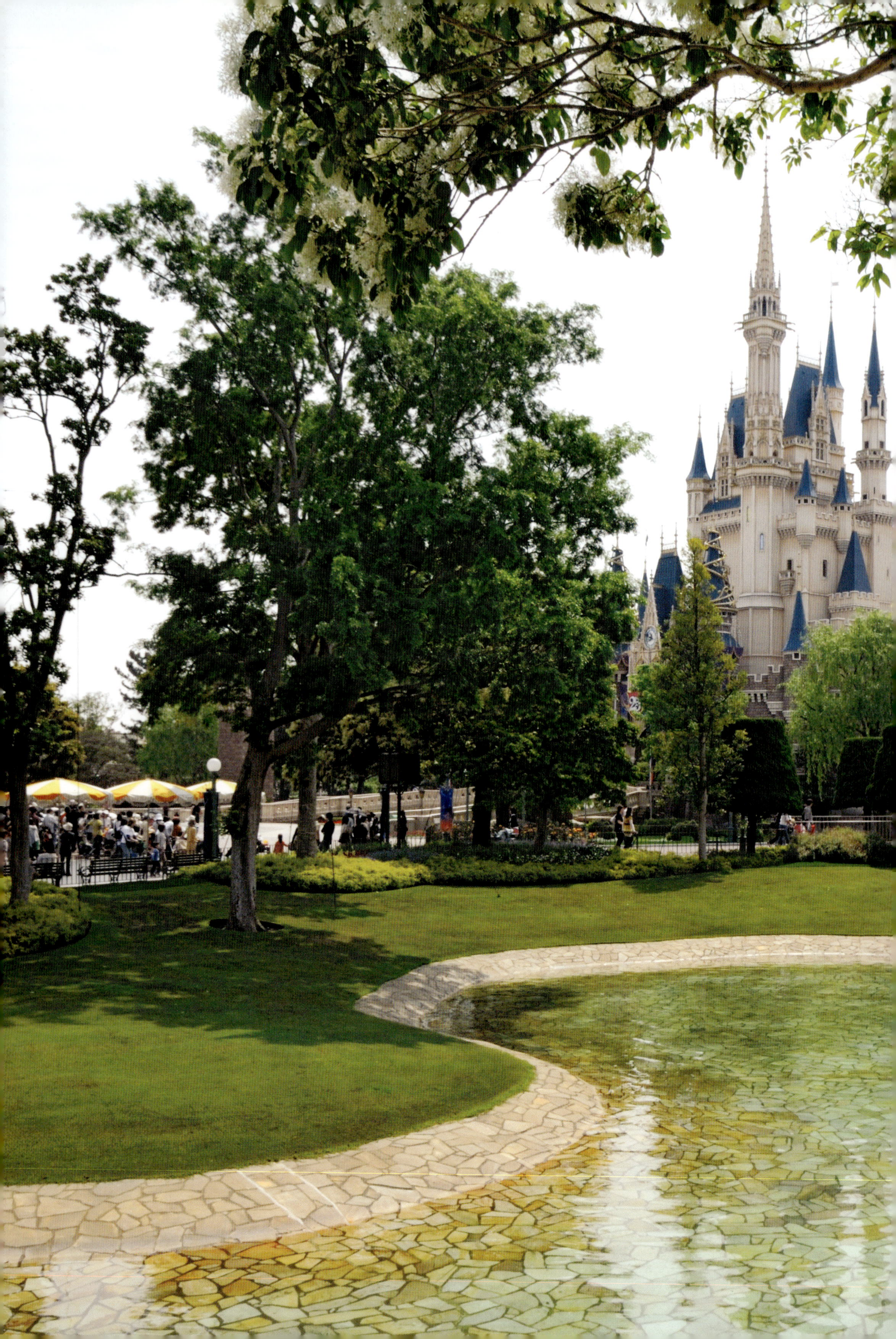

067

Fantasy

空にかかる虹、日蝕で欠ける太陽……。
ディズニーマジックがかかったような
幻想的でアメージングなシーンに驚嘆。

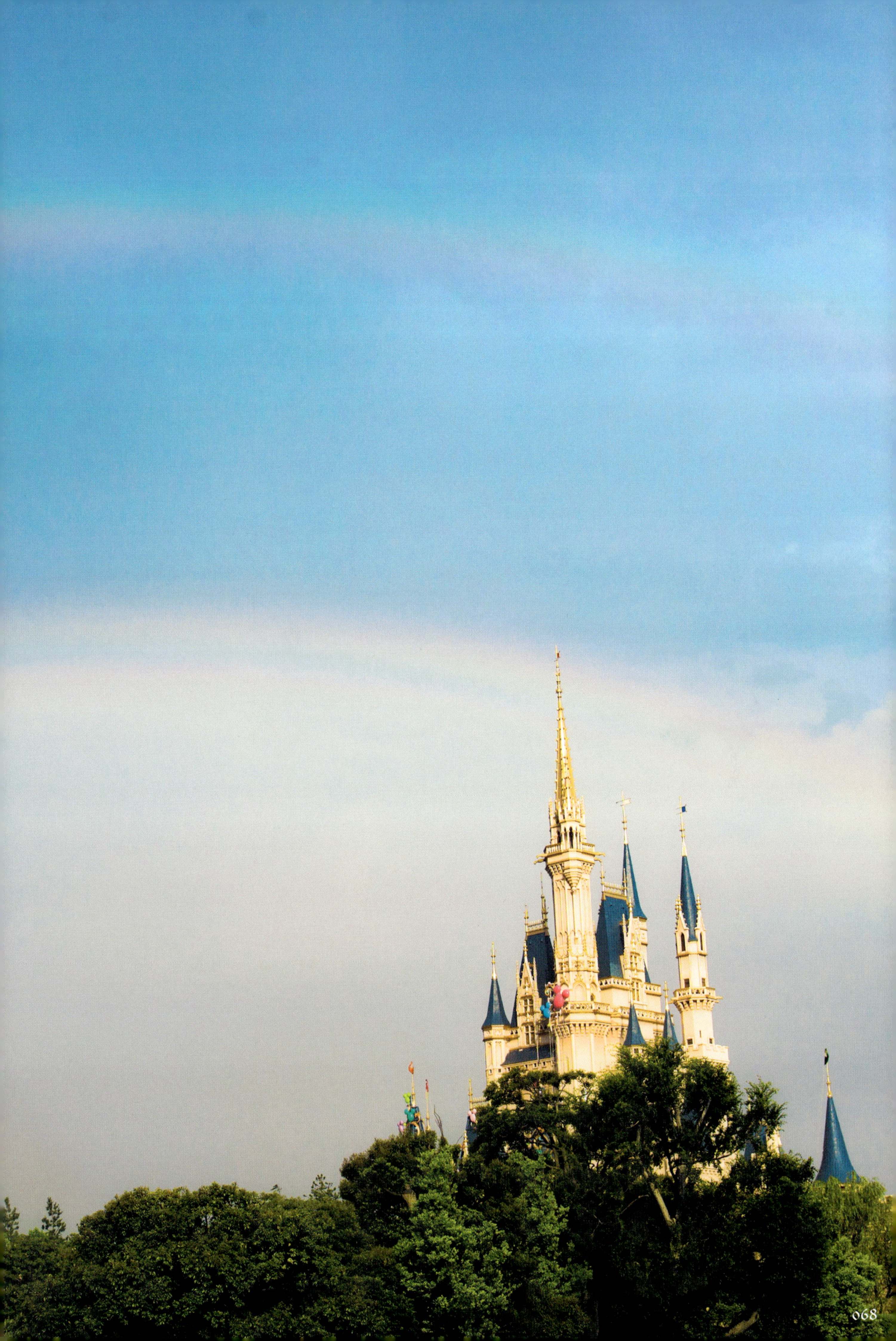

069

070

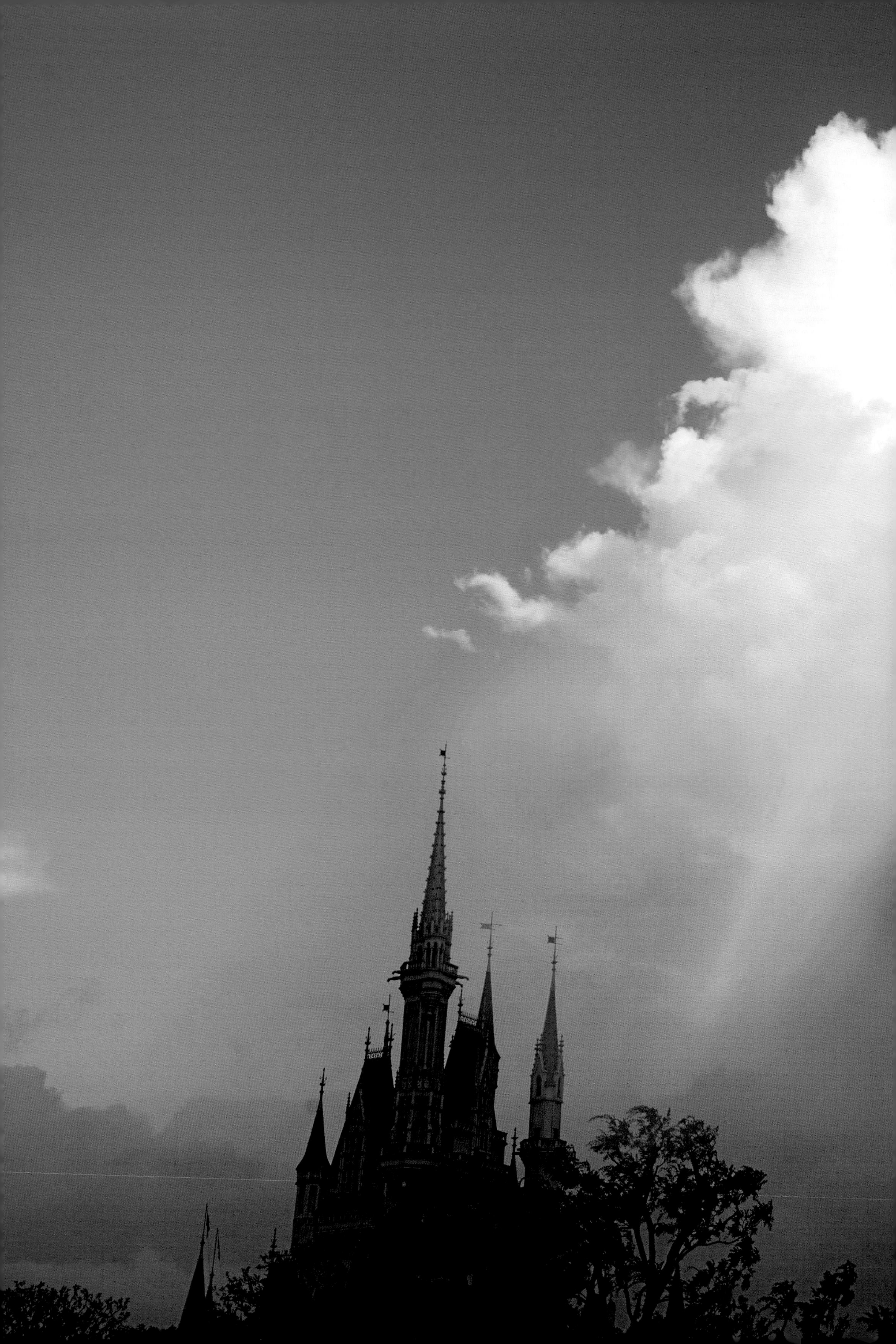

071

Daytime

輝く太陽や青空、夕景を背景に、
さまざまな姿を見せてくれる、
デイタイムのシンデレラ城。

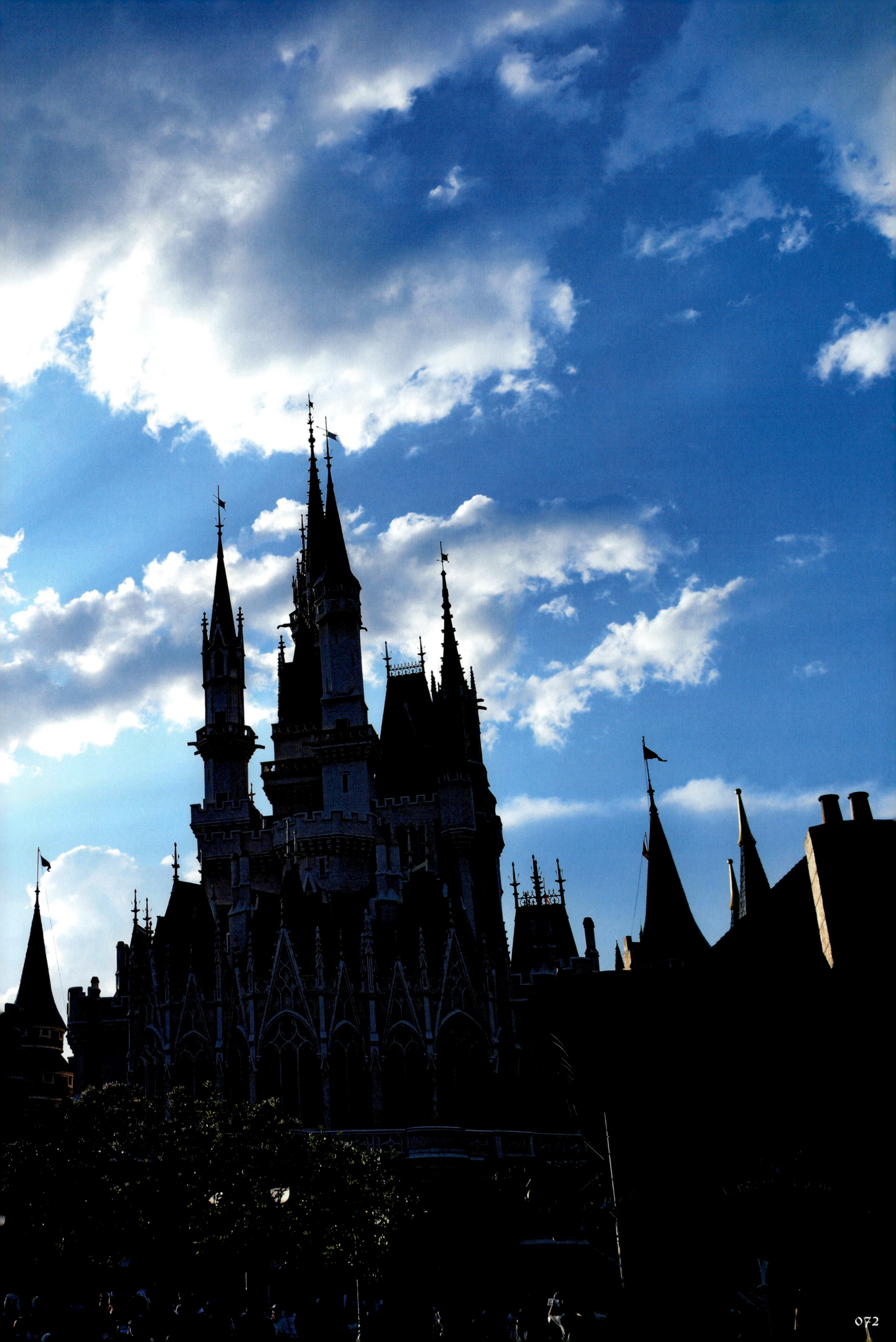

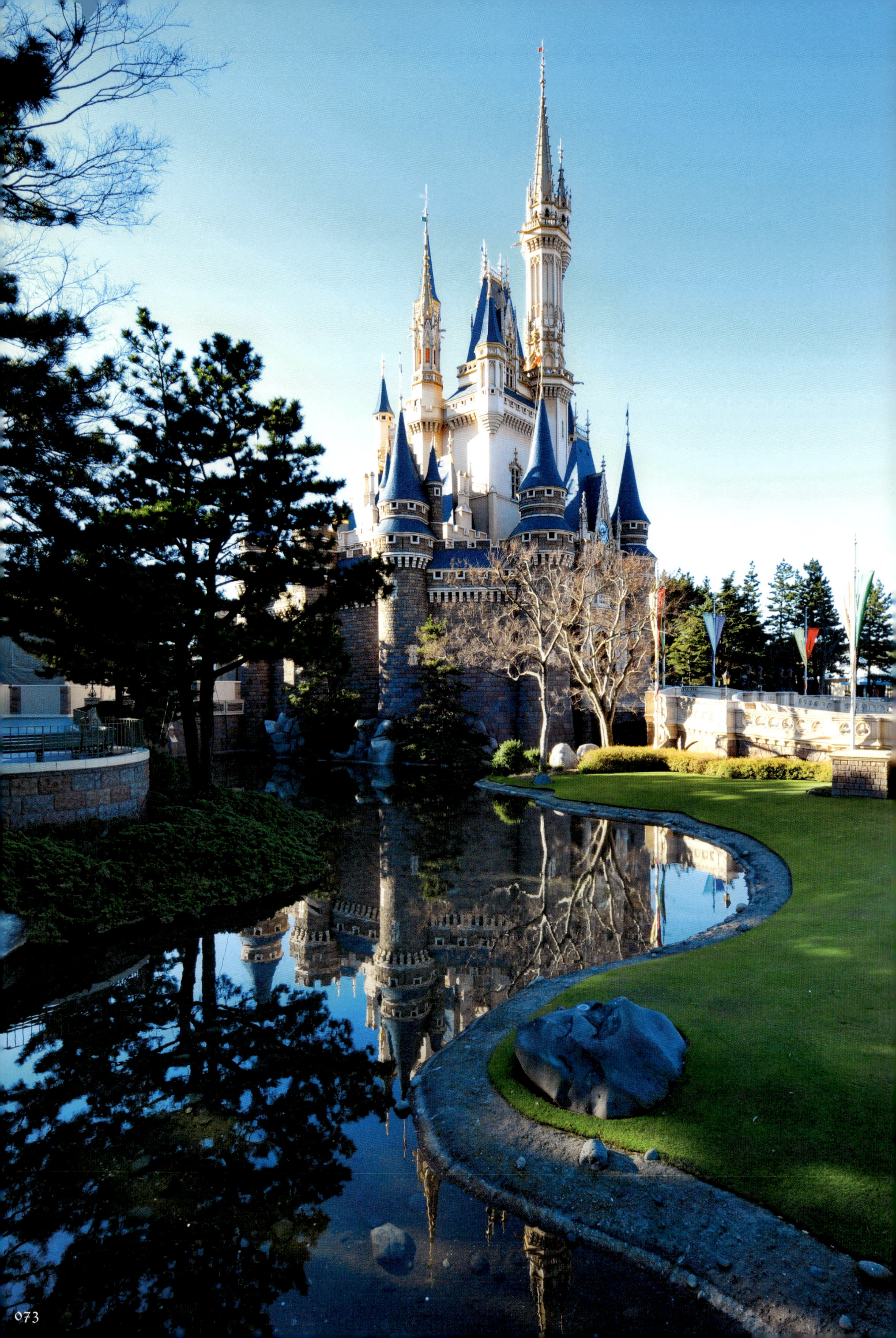

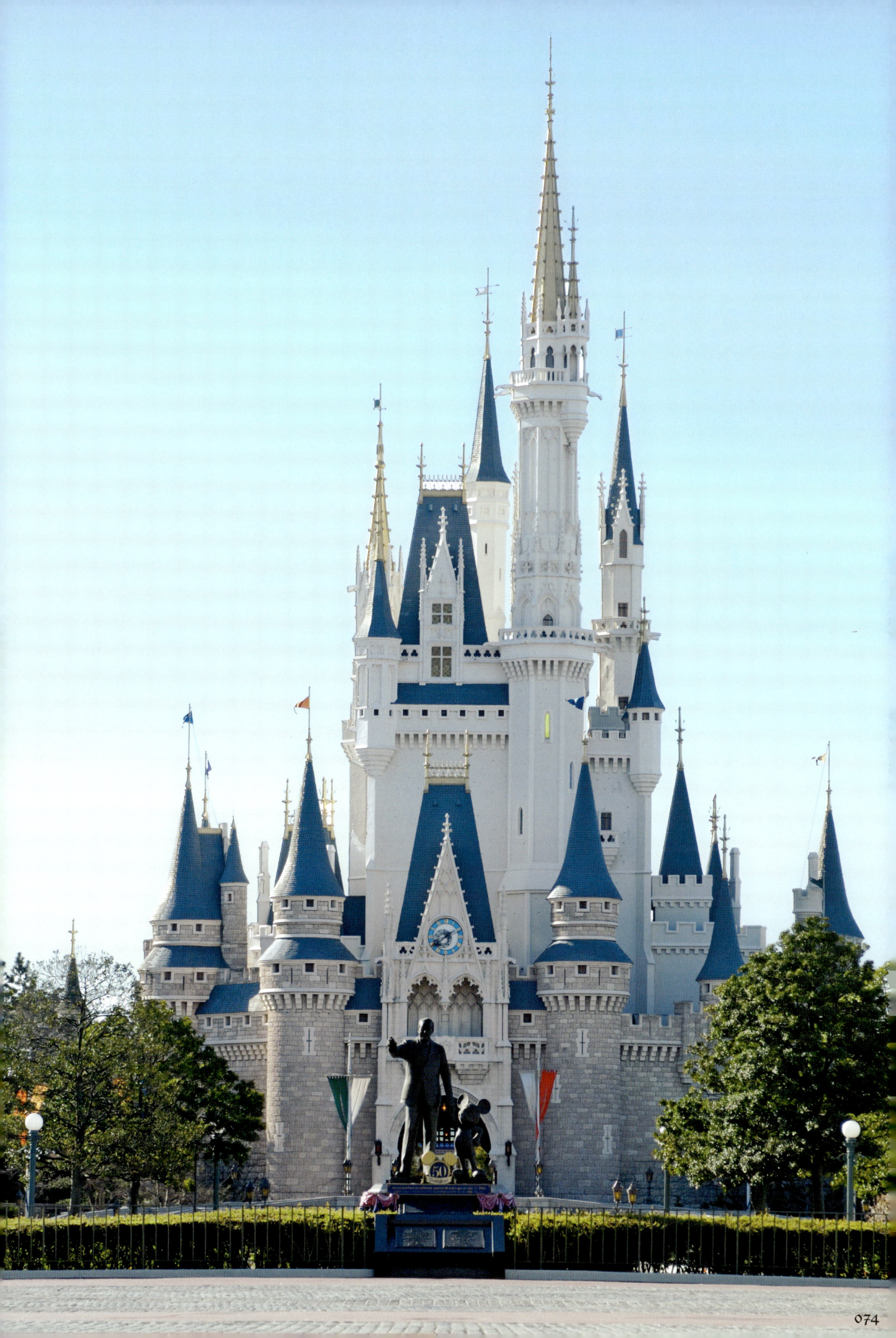

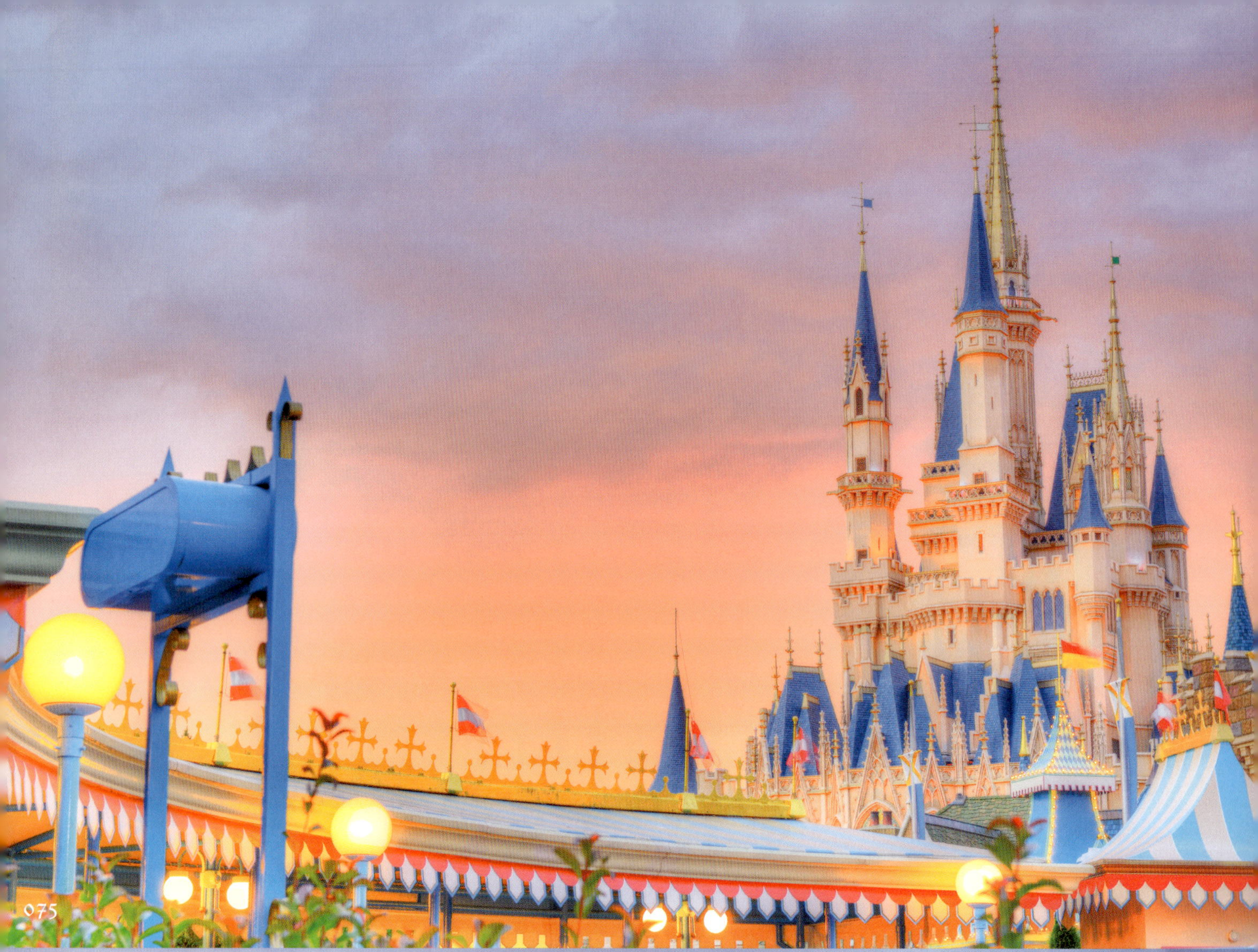
075

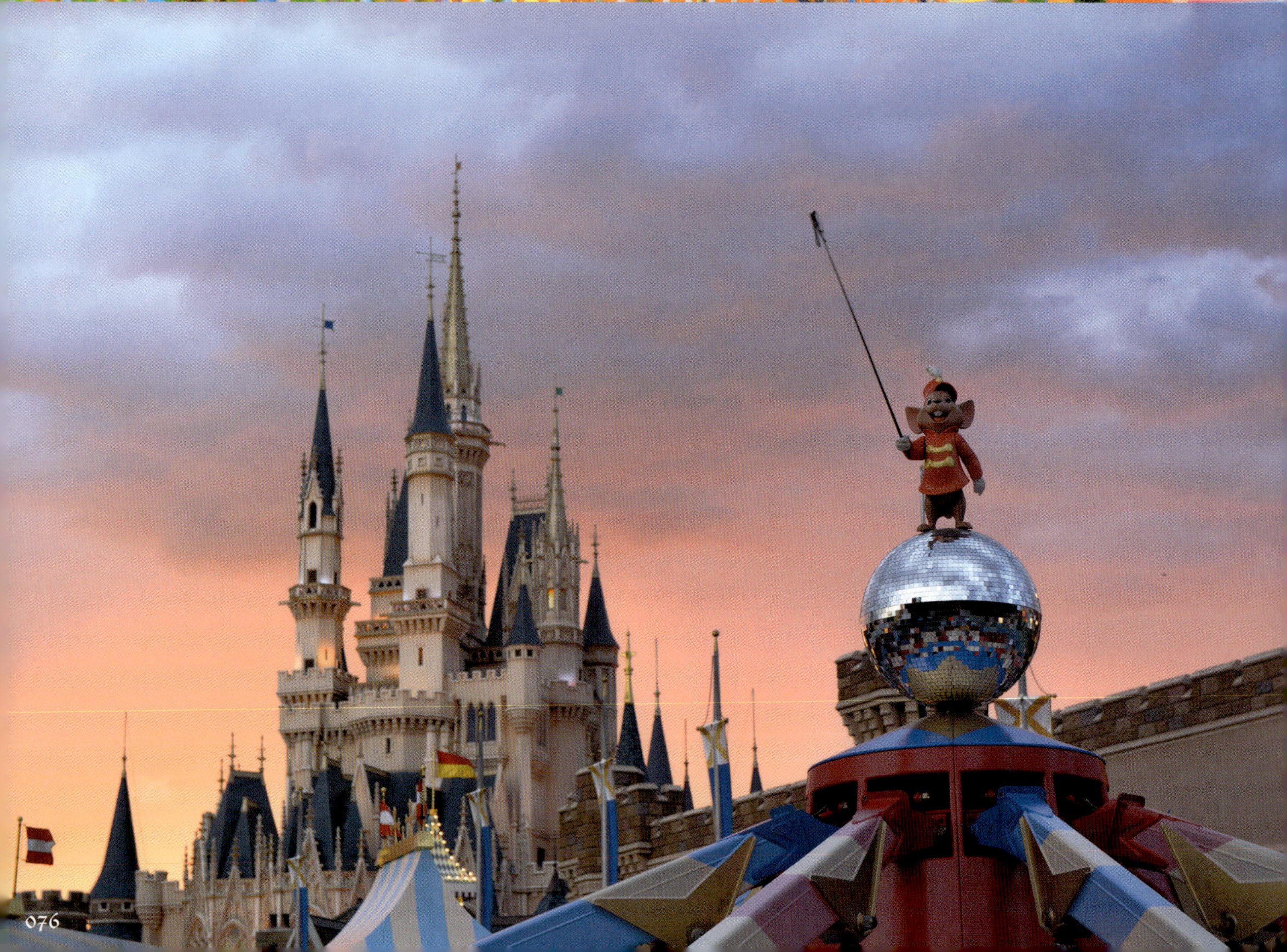
076

077

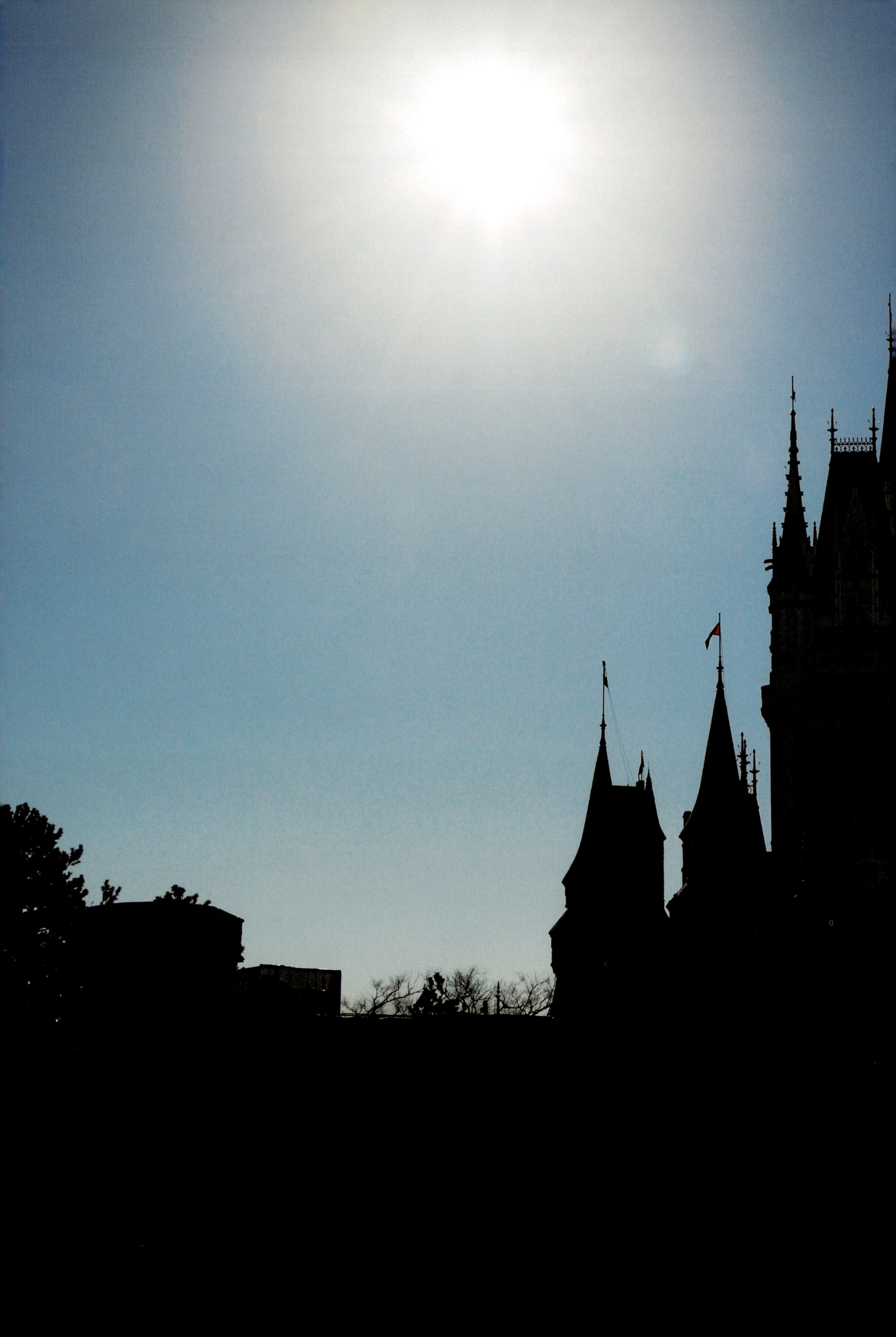

078

Nighttime

きらめくイルミネーションとともに、
優美に輝く、昼間とは違った夜のエレガントなシンデレラ城。

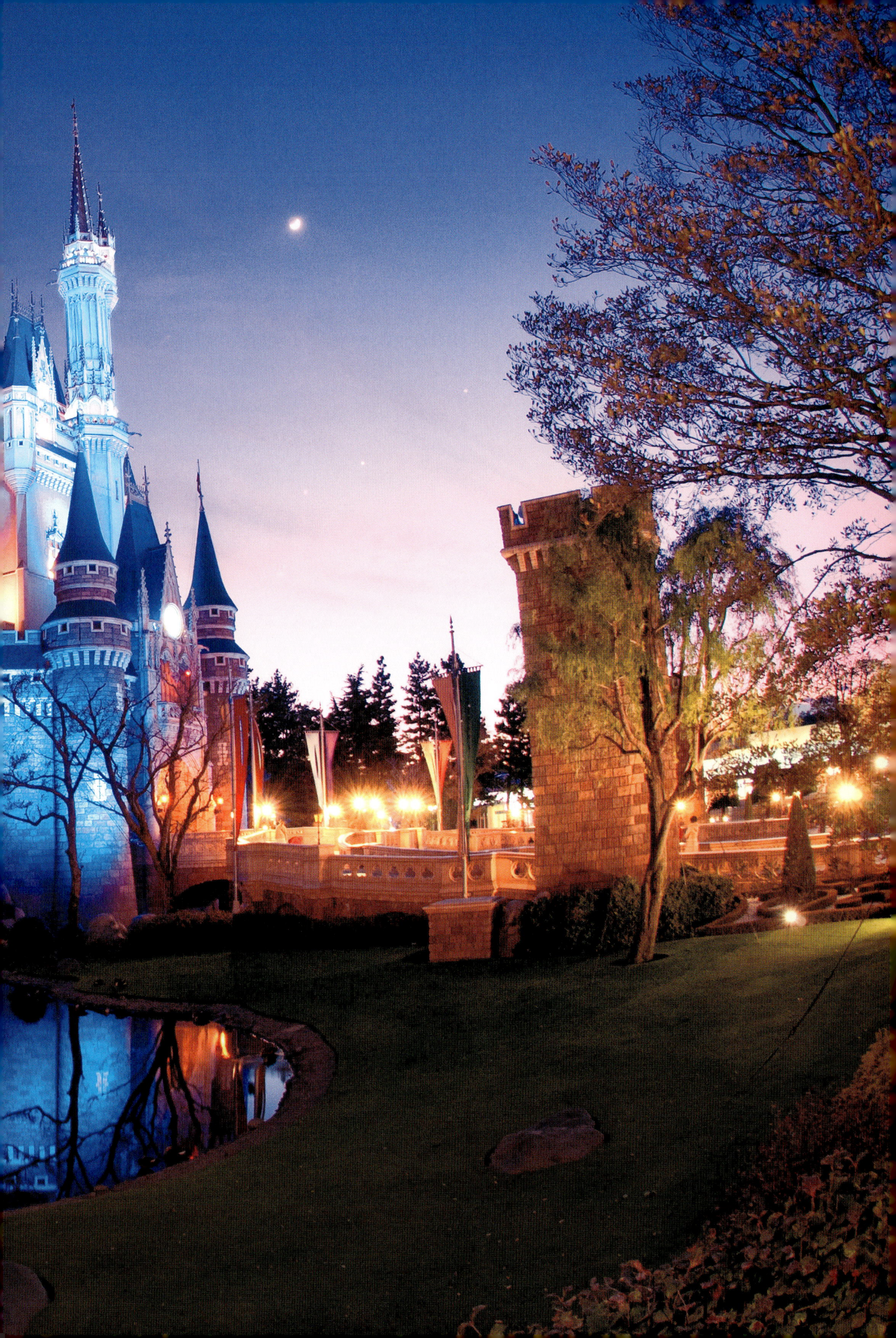

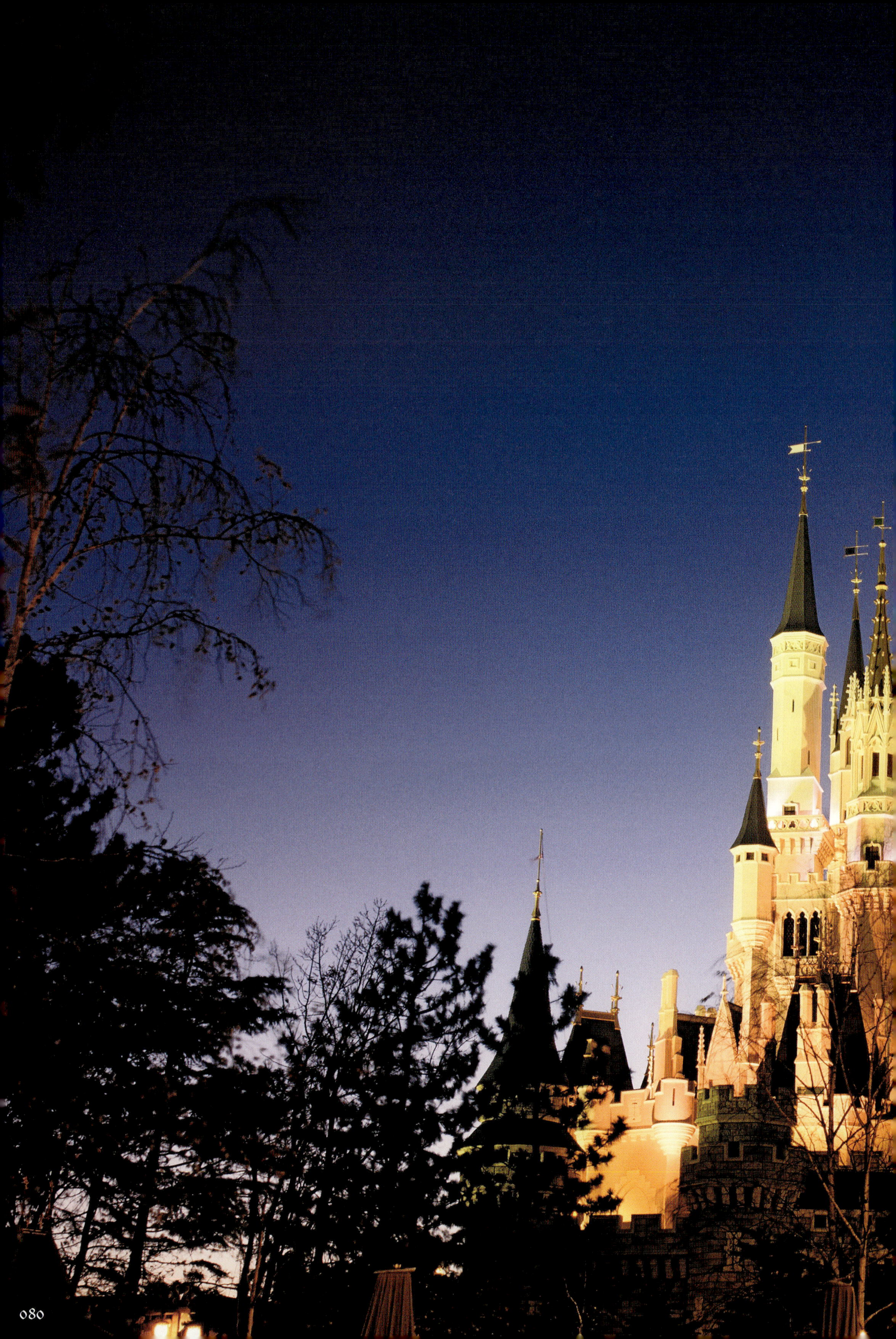

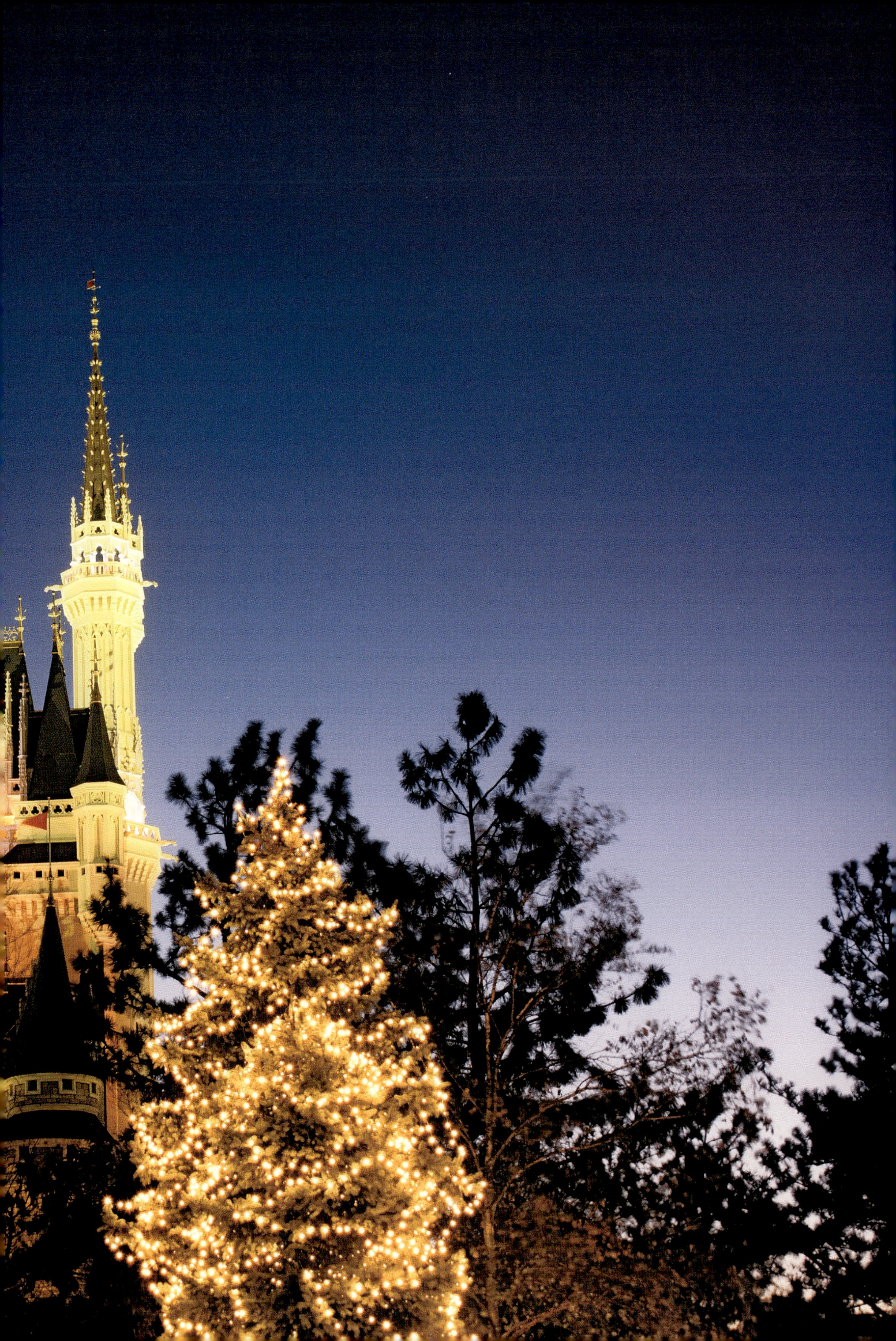

081

082

083

084

085

086

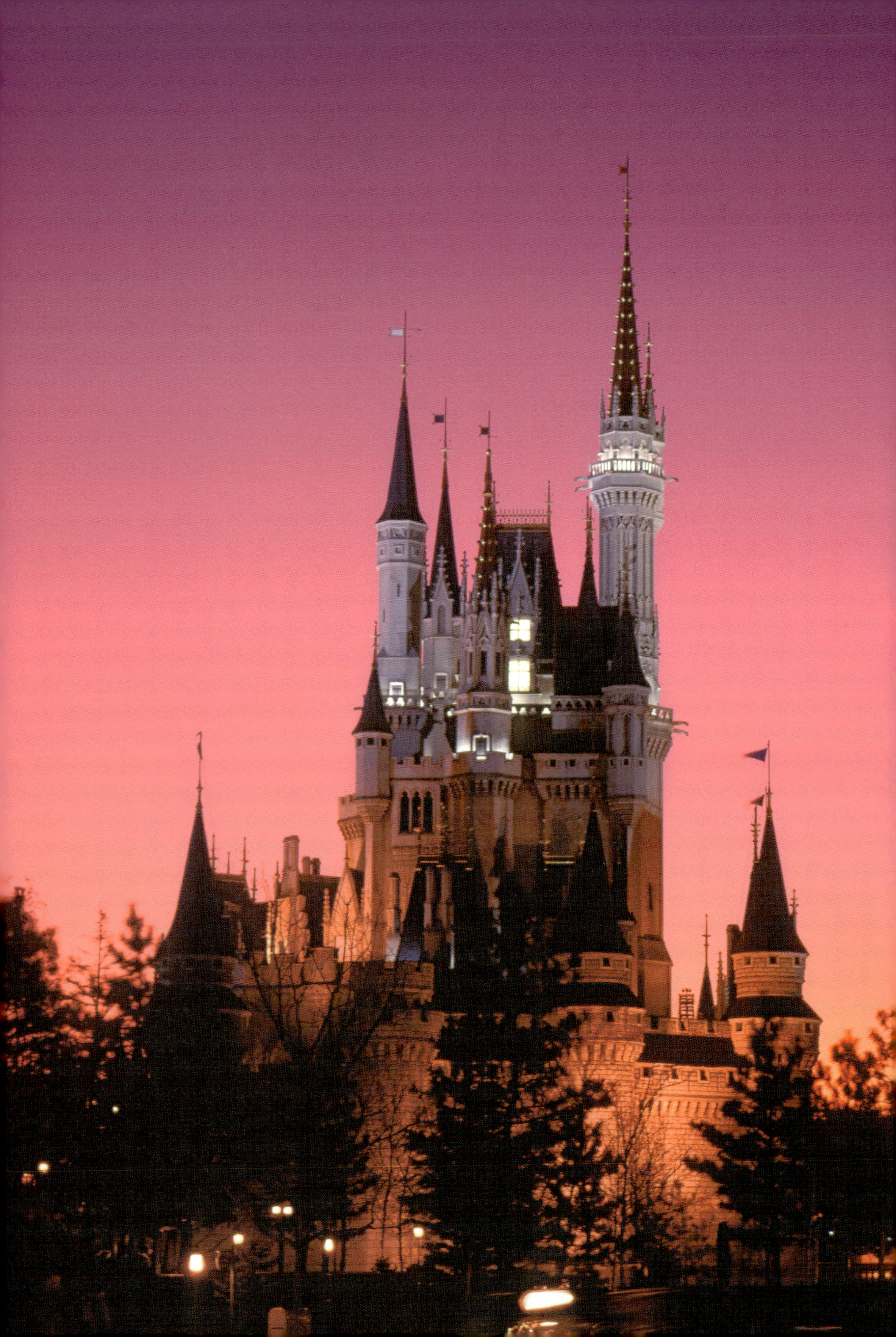

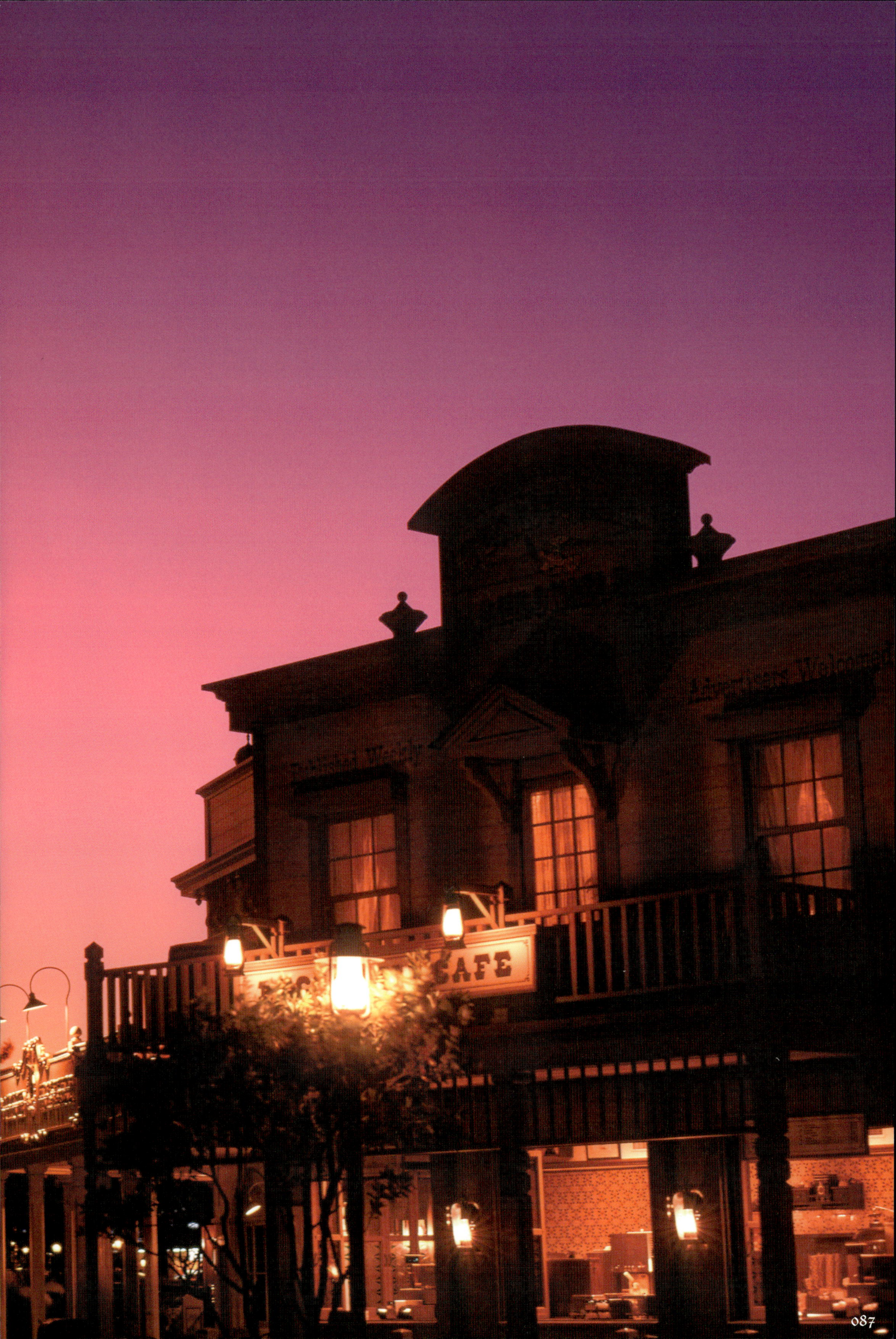
CAFE

Night Entertainment

アニメーション、パイロ、水しぶき、花火……。
キャッスルをステージにして披露される、
すばらしきナイト・エンターテイメントの世界。

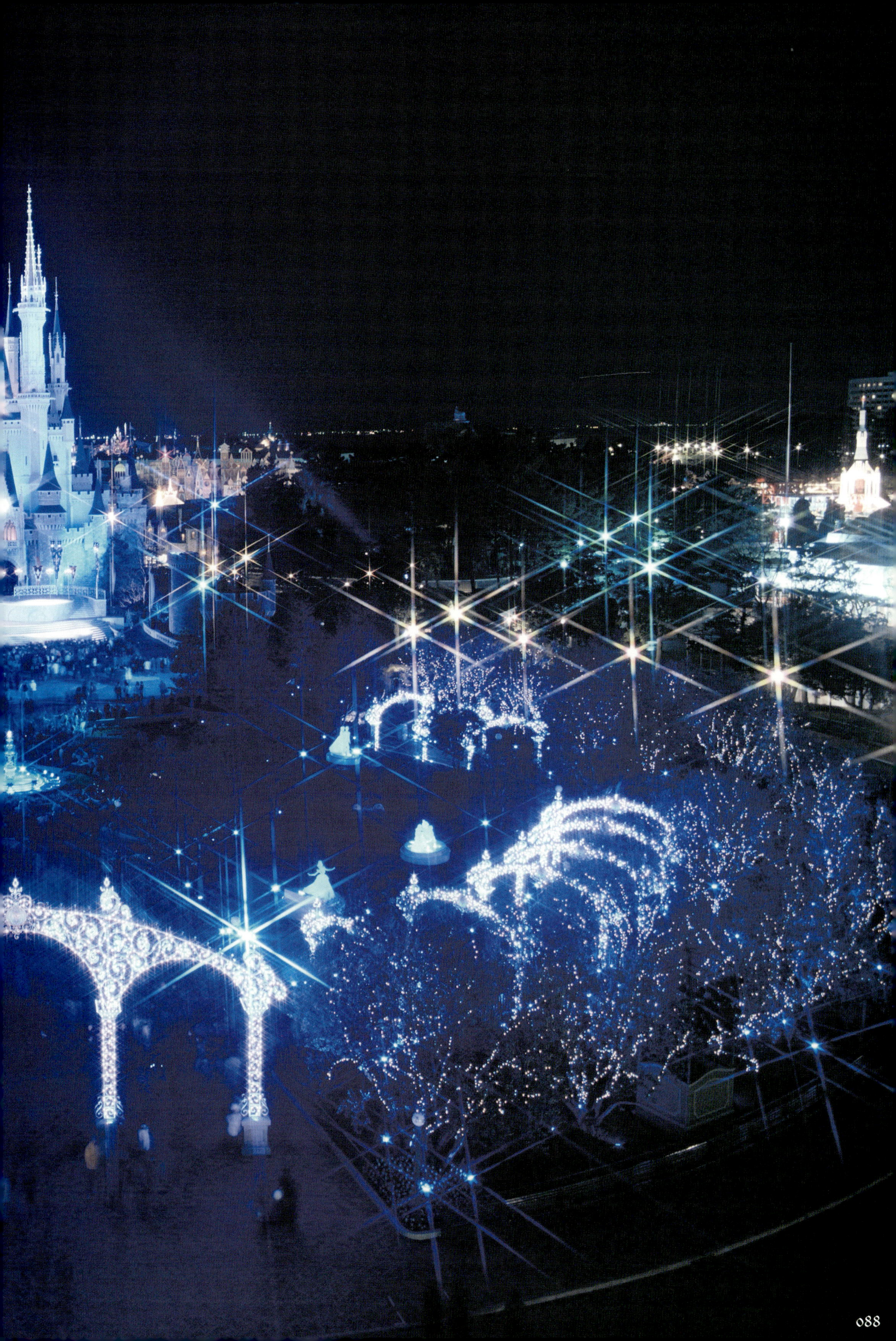

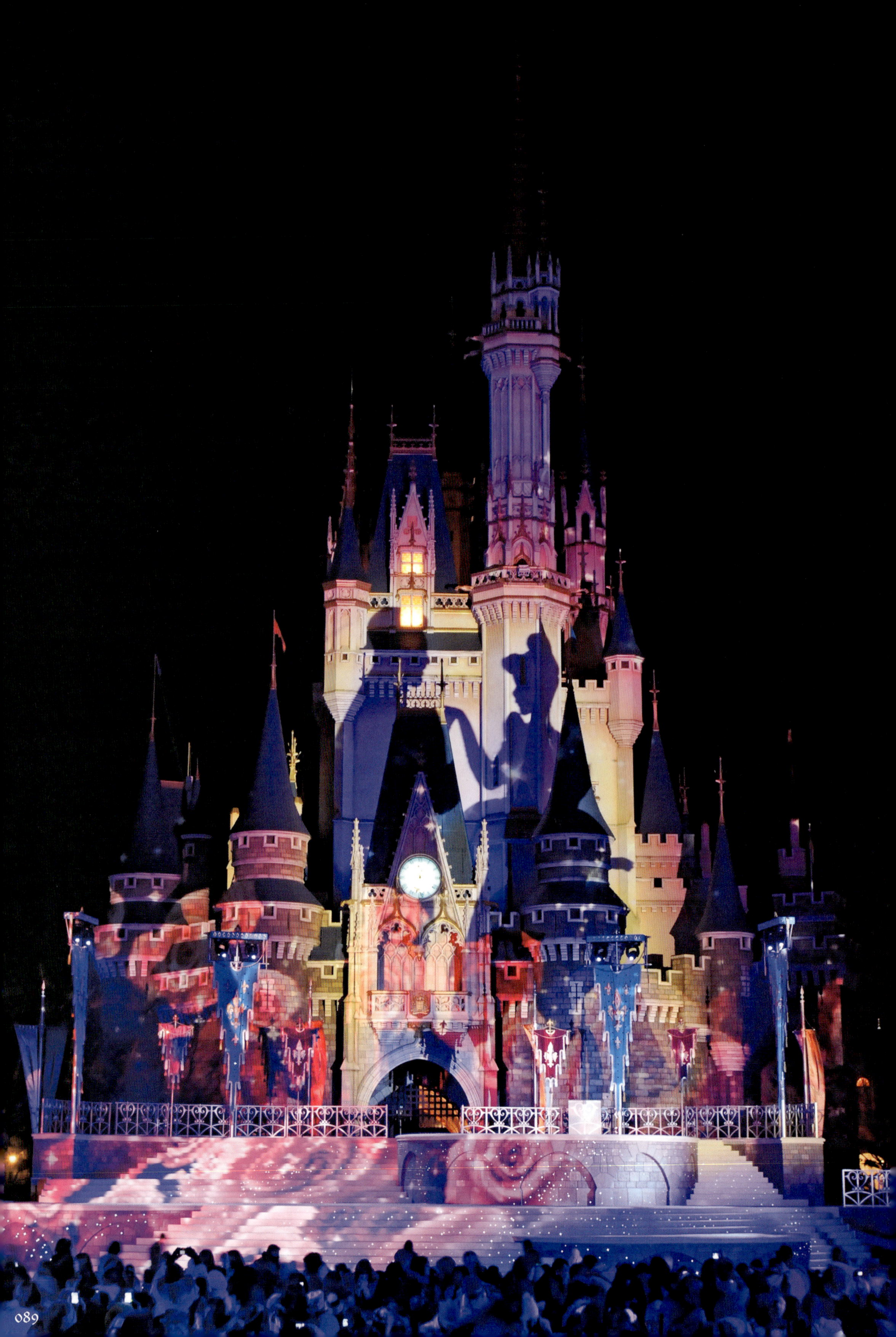

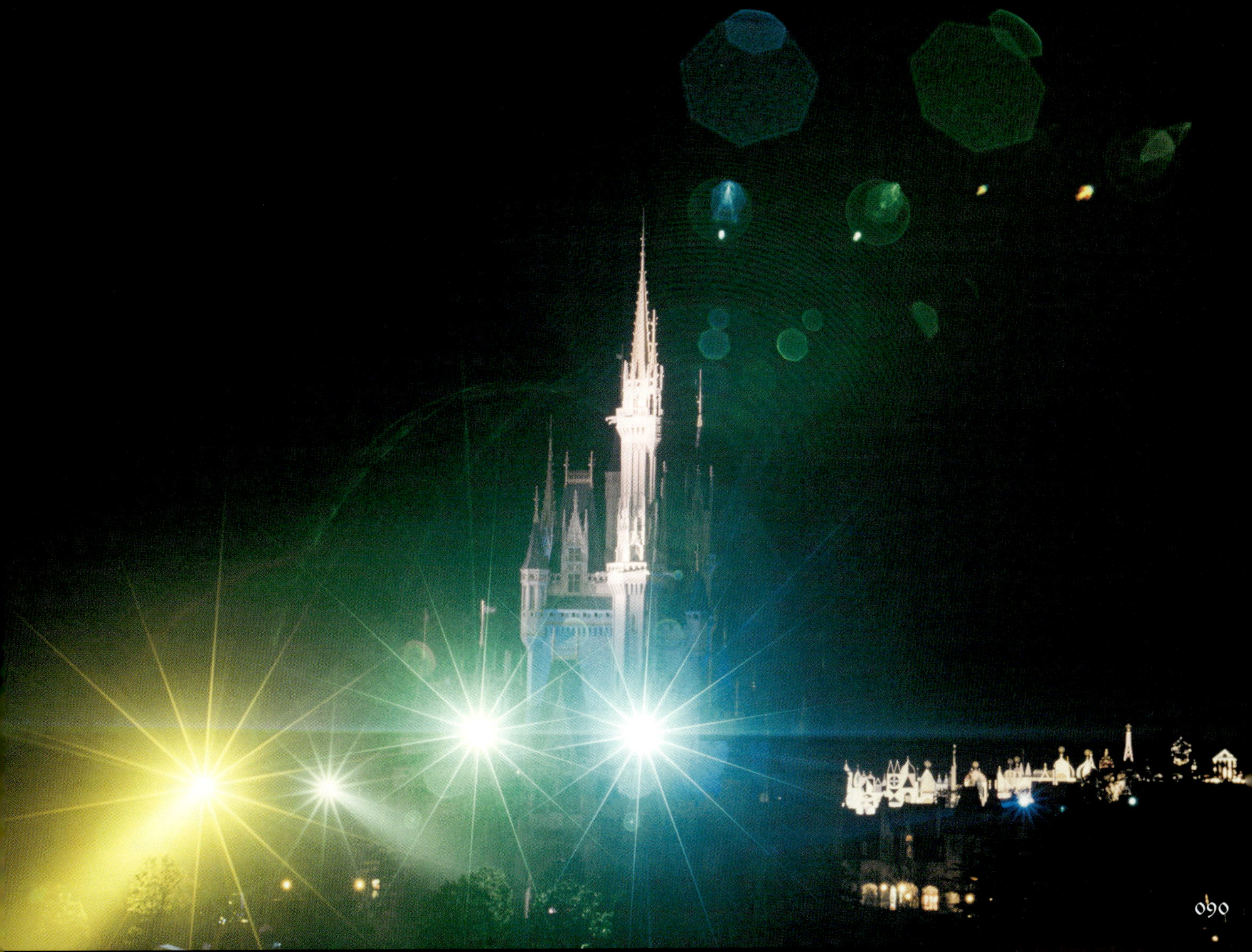

090

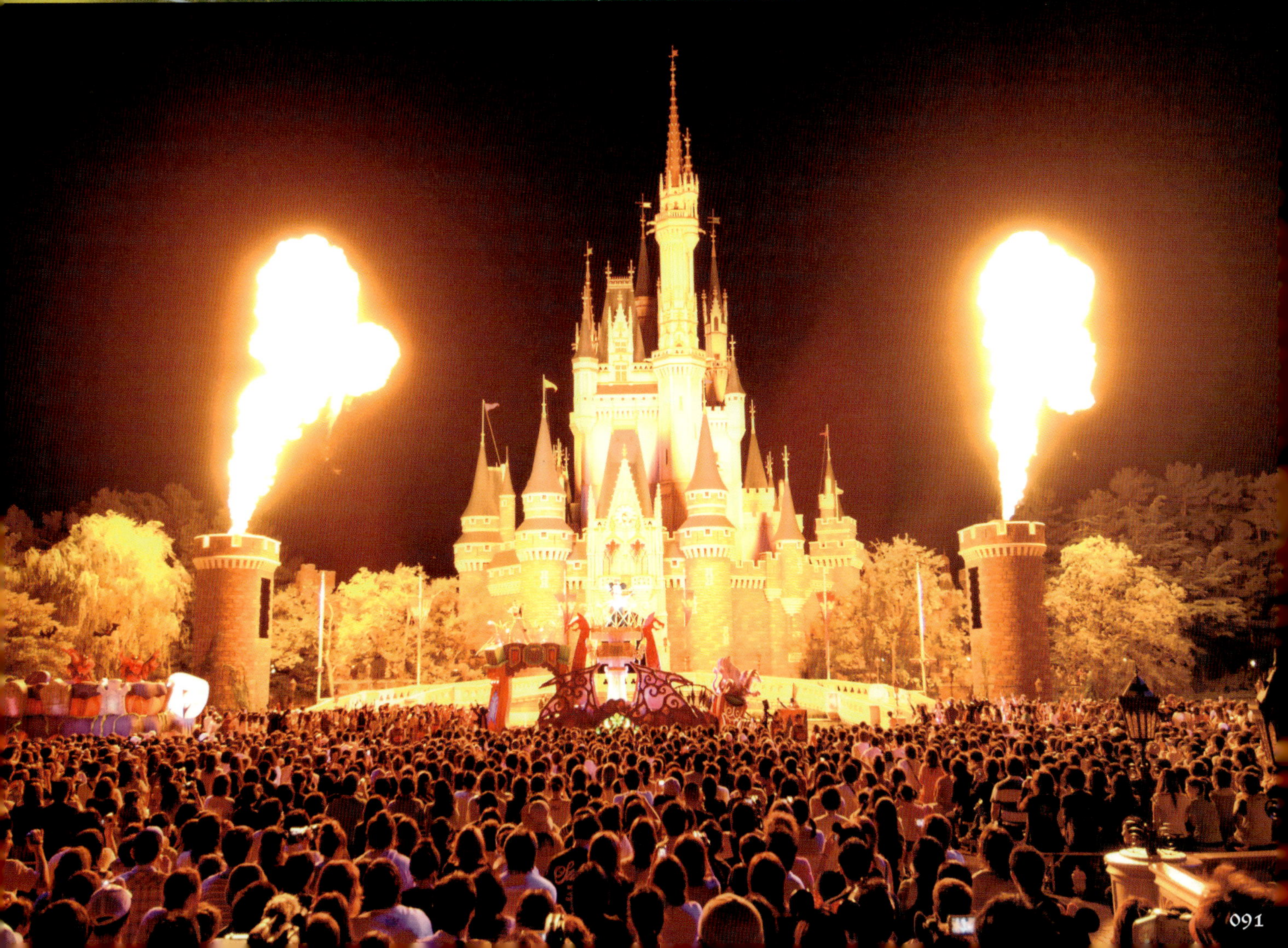

092

093

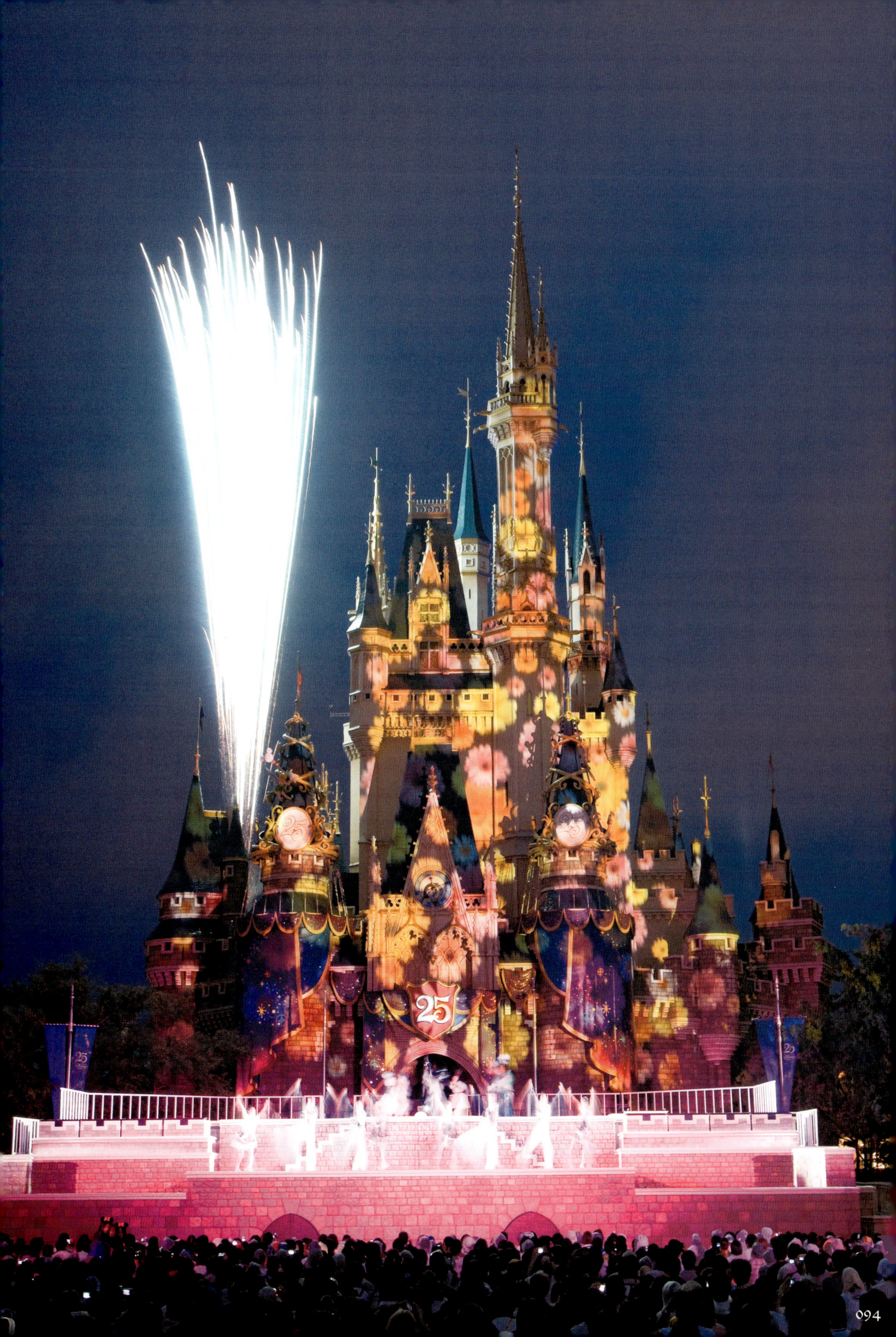

095

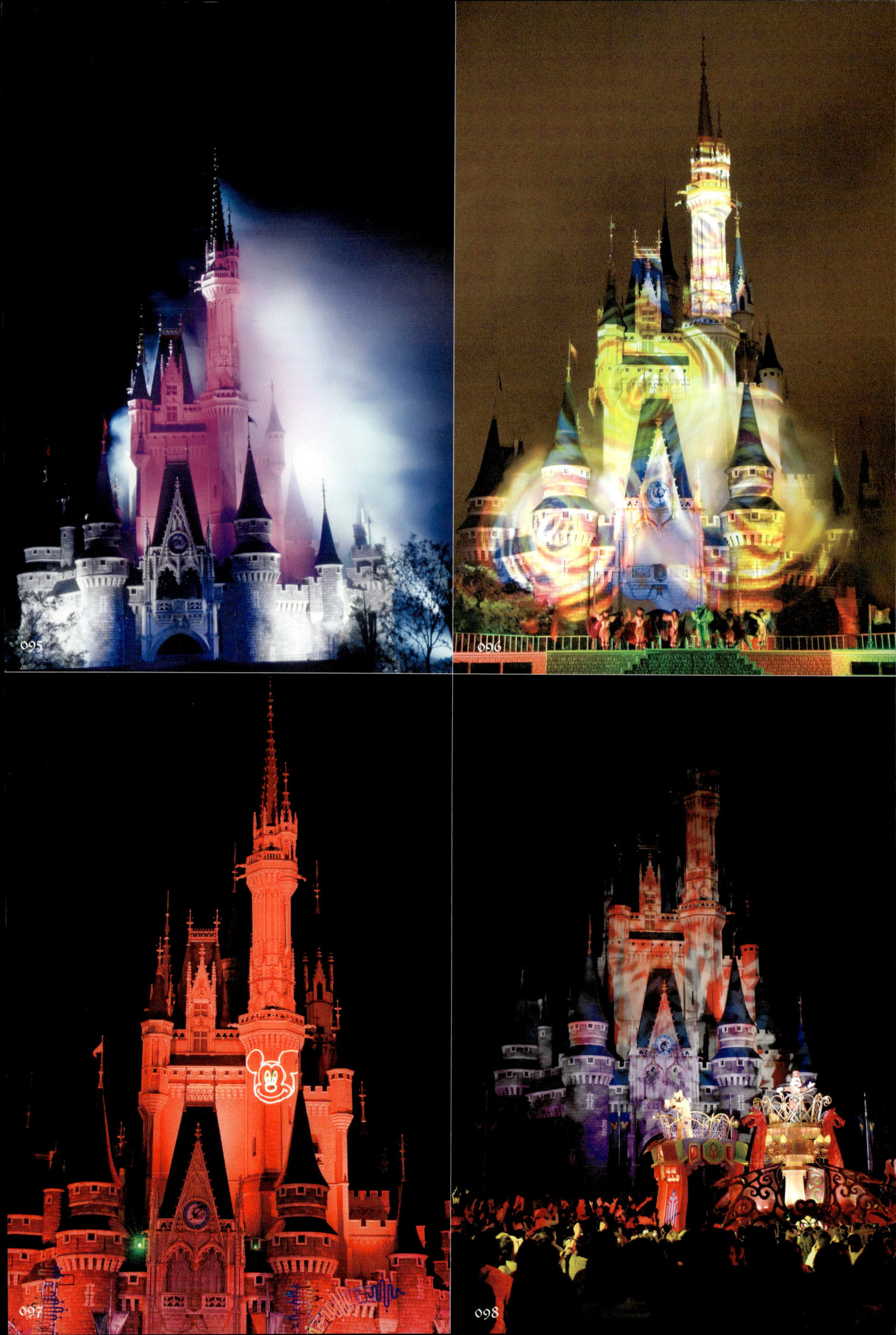

096

097

098

099

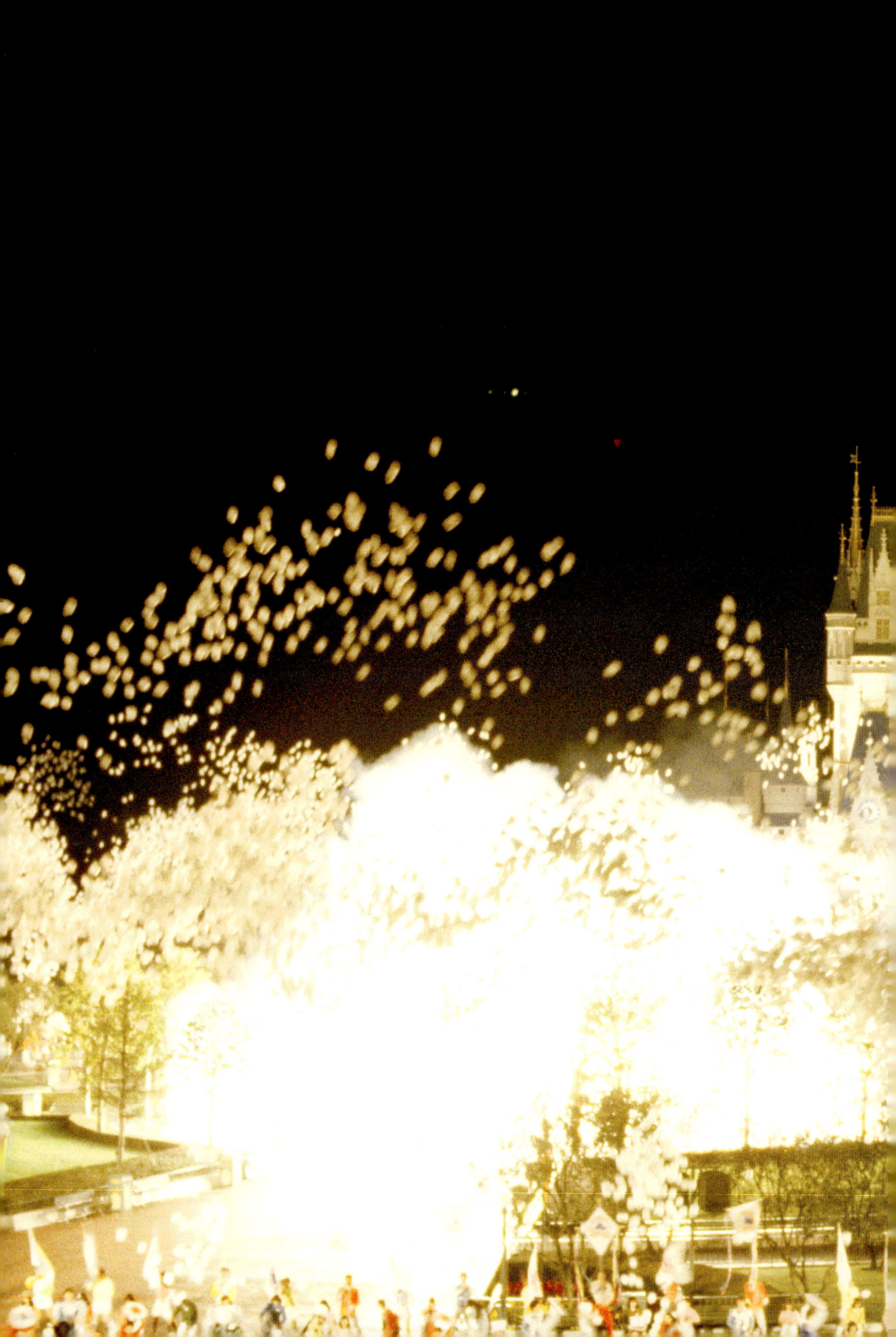

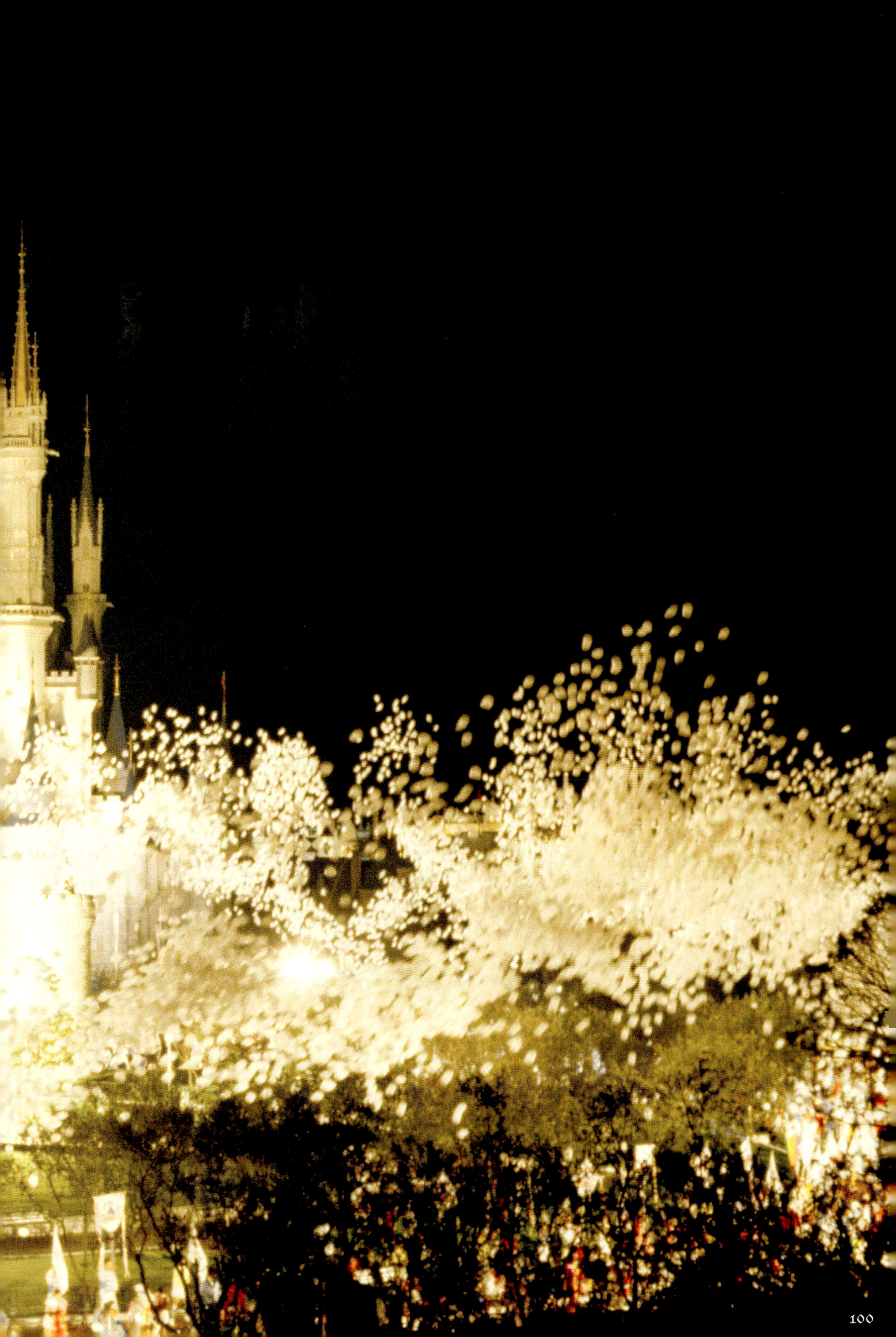

CINDERELLA CASTLE CHRONICLE
シンデレラ城の歴史

1983年から2015年5月までの32年間に、シンデレラ城のステージやキャッスル・フォアコートで開催された、おもなイベントやショーを振り返ります。

1983年	4月11日	東京ディズニーランド開園披露式典がシンデレラ城をバックに開催。
	4月23日〜	「ファンタジー・イン・ザ・スカイ」スタート。
	7月15日〜	「レーザー・マジック」上演。レーザー光線でお城にミッキーマウスの姿やダンボが描き出された。
	9月23日〜25日	「ALL THAT JAZZ イン・東京ディズニーランド」。シンデレラ城前の特設ステージで開催されたジャズの祭典。
	11月18日〜23日	「ハッピーバースデー・ミッキー」。ミッキー55回目のバースデーを記念して、大きなバースデーケーキがステージに登場。
	12月8日〜25日	初めての「クリスマス・ファンタジー」。キャッスルショー「ホリデーファンタジー」上演。
	12月31日	「ニューイヤーズ・イブ・パーティー」開催。パーティーは午前1時まで続いた。
1984年	1月14日〜16日	「VIVA! 20」。新成人が歩んできた20年間のポップスをメドレーで紹介するステージショー。
	3月3日〜18日	「レッツ・スプリング」。シンデレラ城前のステージで春の訪れを祝うスペシャルショーを上演。
	4月2日	1000万人目のゲスト来園。シンデレラ城前で記念セレモニーを開催。
	4月15日	開園1周年。シンデレラ城前のステージでは華やかなスペシャルショーを上演。
	6月4日〜10日	「ハッピーバースデー・ドナルド」。ドナルドの50回目のバースデーをステージショーで祝福。
	11月3日〜28日	「ハッピーバースデー・ミッキー」。ミッキー56回目のバースデーをステージショーで祝福。
	12月6日〜29日	「クリスマス・ファンタジー」開催。キャッスルショー「ホリデー・ファンタジー」を上演。
	12月31日	「ニューイヤーズ・イブ・パーティー」。マジカルライトを手に"蛍の光"を大合唱しカウントダウン。
1985年	4月15日	「セカンド・アニバーサリーフローラル・キャッスル」。開園2周年を迎え、総勢400名による記念式典を開催。
	10月4日〜13日	「ワールド・フェスティバル」開催。ステージショー「イッツ・ア・ミュージカルワールド」上演。
	11月1日〜30日	「ハッピーバースデー・ミッキー」。ミッキー57回目のバースデーをステージショーで祝福。
	12月5日〜25日	「クリスマス・ファンタジー」開催。キャッスルショー「ホリデー・ファンタジー」を上演。
	12月31日	「ニューイヤーズ・イブ・パーティー」。ミッキーがシンデレラ城のバルコニーに登場し、カウントダウン。
1986年	4月15日	開園3周年。総勢450名のディズニーの仲間とエンターテイナーがシンデレラ城前に集合し、スペシャルショーを上演。
	5月11日	パークで初めて母の日を祝うイベントを開催。総勢1000名のママさんコーラスが、ミッキーたちに見守られながら、シンデレラ城をバックに合唱。
	5月17日〜26日	「フェスティバル・アメリカ」開催。ステージ中央に大きな自由の女神が登場。
	5月31日〜6月15日	「ドナルドダックの冒険」開催。「ドナルド ハリウッドへ行く」上演。
	7月11日	アトラクション「シンデレラ城ミステリーツアー」オープン。※2006年4月5日クローズ。
	7月11日〜25日	「シンデレラ城の謎」開催。ディズニーの悪役と、ミッキーたちヒーローが対決するショーを上演。
	9月5日〜28日	「スーパースターライト」開催。秋の夜長を歌い踊り楽しんだ、9月のウィークエンドに開催されたプログラム。
	10月17日〜26日	「イッツ・ア・ミュージカルワールド」上演。1985年に続き2回目の開催で、前年よりスケールアップ。
	11月8日〜24日	「WE LOVE ミッキーマウス」開催。キャッスルショーでミッキーがショーディレクターを演じた。
	12日4日〜29日	「クリスマス・ファンタジー」開催。
	12月31日	「ニューイヤーズ・イブ・パーティー」。この年からオールナイト営業に。
1987年	4月15日	開園4周年。「東京ディズニーランド・パレード」がプラザで停止し、シンデレラ城からはカラフルなバルーンを持ったキャストが登場。
	5月29日〜6月21日	キャッスルショー「ドナルド・ザ・ヒーロー」で、ドナルド53回目のバースデーを祝福。
	10月9日〜18日	「ディズニー・ミュージカルファンタジー」上演。
	11月6日〜23日	「WE LOVE ミッキーマウス」。ミッキー59回目のバースデーをキャッスルショーで祝福。
	11月26日	ゲスト来園数5000万人達成。日本の人口ほぼ2人に1人が東京ディズニーランドに訪れたことになった。シンデレラ城前のステージでミッキーとミニー、アンバサダーが祝福。
	12月10日〜27日	「クリスマス・ファンタジー」開催。キャッスルショー「クリスマス・ワンダーランド」を上演。
1988年	1月1日〜6日	「ニューイヤーズ・ホリデー」開催。シンデレラ城前のステージから、ミッキーたちが新年のあいさつ。
	4月15日	開園5周年。シンデレラ城前のステージにディズニーの仲間たちが登場してステージショーを披露。
	10月1日〜11月23日	「ミッキーマウス・バースデー・パーティー」開催。記念すべき60回目のバースデーと、開園5周年のお祝いを兼ねたパーティーを開催し、シンデレラ城前のステージでミッキーのバースデーをお祝い。
	12月1日〜29日	「クリスマス・ファンタジー・パーティー」開催。キャッスルショー「クリスマス・ワンダーランド」を上演。
1989年	10月1日〜11月23日	「ミッキーのスペース・ファンタジー」。「スター・ツアーズ」就航を記念して、シンデレラ城前のステージで、宇宙服に身を包んだミッキーやC-3POたちがミュージカルショーを披露。
	12月1日〜29日	「クリスマス・ファンタジー」開催。
1990年	4月15日〜	「スターライト・ファンタジー ファンタジア'90」。ディズニー映画『ファンタジア』公開50周年を記念したショーを上演。
	4月21日〜6月17日	「ドナルドのアメリカン・オールディーズ」開催。
	9月29日〜11月18日	「ミッキーマウス・スポーツフェスティバル」開催。キャッスルショー「ディズニー・スーパースターズ」を上演。
	10月1日	「ミッキーのスーパーマウササイズ」上演。シンデレラ城前のステージとプラザを使った、1日限りのビッグなイベント。
	12月1日〜25日	「クリスマス・ファンタジー」開催。

※各期日、期間、イベント、ショータイトルは編集部で調べたものです。

1991年	4月28日～1993年4月8日	「シンデレラブレーション」開催。ディズニー映画『シンデレラ』では見ることのできなかったシンデレラとプリンス・チャーミングの結婚式のシーンを、シンデレラ城で再現したショー。
	11月28日～12月25日	「クリスマス・ファンタジー」開催。キャッスルショー「クリスマス・ワンダーランド」を上演。
1992年	4月15日～6月15日	ユーロ・ディズニーランド(当時)の開園を祝い、「ディズニー・アラウンド・ザ・ワールド」を上演。カリフォルニア、フロリダ、パリの3つのテーマパークのエンターテイナーたちが集結。
	11月26日～12月27日	「クリスマス・ファンタジー」開催。
1993年	4月15日	東京ディズニーランド開園10周年。シンデレラ城前で、オープニング・セレモニーを実施。
	4月15日～1994年4月14日	「イッツ・マジカル!」。シンデレラ城前のステージで、10周年を祝うスペクタキュラーショーが上演された。
	4月15日～	「マジック・イン・ザ・スカイ」。花火とレーザー光線によるナイトショーがパワーアップ。
	10月1日	「ミッキーズ・イヤー・パーティー」。「ミッキーのハッピーバースデー・パーティー」初日に、ミッキーのバースデーにちなみ、1118名のゲストがミッキースタイルでシンデレラ城前のステージに集合した。
1994年	4月29日～11月14日	「アラジンの大冒険」。ディズニー映画『アラジン』の公開を記念して、200日間「アラジンの大冒険」を開催。シンデレラ城前では迫力満点の壮大なショーを公演。
	11月25日～12月25日	「クリスマス・ファンタジー」開催。キャッスルショー「メリークリスマス・トゥー・ユー」上演。
1995年	1月1日～8日	「ニューイヤーズ・ホリデー」開催。縁起のいい獅子舞や出初め式などのショーを上演。
	11月18日～25日	「クリスマス・ファンタジー」開催。キャッスルショー「クリスマス・ファンタジー」を上演。
1996年	1月1日～7日	「ニューイヤーズ・ホリデー」開催。獅子舞やコマ回しなど、多彩なお正月の風物詩を盛り込んだショーを上演。
	11月15日～12月25日	「クリスマス・ファンタジー」開催。キャッスルショー「クリスマス・ファンタジー」開催。
	11月18日	「ミッキー・マウケストラ」。ミッキー68回目のバースデーに、ゲストが楽器持参でシンデレラ城前のステージに集合。総勢680名による1日だけのオーケストラ「ミッキー・マウケストラ」を結成し演奏を披露。
1997年	1月1日～5日	「ニューイヤーズ・ホリデー」開催。ショーの中盤で、はっぴ姿のミッキーが和太鼓の演奏を披露。
	11月7日～12月25日	「クリスマス・ファンタジー」開催。キャッスルショー「クリスマス・ファンタジー」を上演。
	11月18日	「ミッキーマウス、バースデー」。「クリスマス・ファンタジー」終演後のサプライズで、ミッキー69回目のバースデーを祝福。
1998年	4月15日～1999年3月19日	開園15周年。キャッスルショー「ビバ! マジック」を上演。
	6月9日	ドナルド64回目のバースデーに、「ビバ! マジック」ラストの大きなケーキの上にドナルド登場。
	7月17日～11月5日	「スターライト・マジック」開催。
	11月6日～12月25日	「クリスマス・ファンタジー」開催。キャッスルショー「ビバ! マジック」を上演。
	11月18日	「ミッキーマウス70thバースデー」開催。開園15周年のミッキー70回目のバースデーには、「ビバ! マジック」で祝福の横断幕がサプライズとして登場。
1999年	6月9日	「ドナルドのワッキーバースデー」。ドナルド65回目のバースデーパーティーでは、シンデレラ城前にパレードの巨大なバルーン・フロートが登場し、抽選で選ばれたゲストがドナルドと一緒にパレード。
	11月4日～12月25日	「クリスマス・ファンタジー」開催。キャッスルショー「クリスマスタウンファンタジー」を上演。
2000年	1月1日～10日	西暦2000年の幕開けを祝うイベント、「ディズニー・ミレニアム・スペクタキュラー」が開催され、キャッスルショー「セレブレーション2000」が披露された。
	1月21日～6月30日	「Club Disneyスーパーダンシン・マニア」。シンデレラ城の前の特設ステージにパーク史上最大規模のダンスフロアが登場。パラパラで踊る"ミッキーマウス・マーチ"は社会現象にも。
	7月7日～8月31日	「スターライト・マジック2000」開催。開園15周年で初お目見えしたエンターテイメントが再上演。
	11月6日～12月25日	「クリスマス・ファンタジー」開催。キャッスルショー「クリスマスタウンファンタジー」を上演。
2001年	1月1日～8日	「ニューイヤーズ・ホリデー2001」開催。羽織はかま姿のミッキーや、振袖姿のミニーたちがコミカルなショーでお正月をお祝い。
	11月4日～12月25日	「クリスマス・ファンタジー」開催。キャッスルショー「クリスマス・フォー・ユー」を上演。
2002年	夏	シンデレラ城前の広場がリニューアル。キャッスル・フォアコートが誕生した。その後、広場の周りにかぼちゃの馬車や、ガスとジャック、スージーとパーラなどがデコレーションされた。
	7月8日～9月30日	「ドナルドのスーパースプラッシュ」。ウォーターデリバリーの仕事を始めたドナルドが主役の夏のパレードが、シンデレラ城前で停止して開催。1トンもの水を放水できるマシンで、ゲストもずぶ濡れに。
	11月4日～12月25日	「クリスマス・ファンタジー」開催。キャッスルショー「スパークリング・クリスマス・フォー・ユー」を上演。
2003年	1月25日～3月20日	「シンデレラブレーション:ライツ・オブ・ロマンス」。パークの夜を彩るゴージャスなシンデレラの戴冠式を上演。戴冠式のほかに、この年のみ「ロイヤル・アピアランス&グリーティング」が行われた。
	4月15日～9月19日	キャッスルショー「ミッキーのギフト・オブ・ドリームス」を上演。
	7月1日～9月19日	「ブレイジング・リズム」。炎を噴き上げるフロートに乗ったミニーやドナルドたちがプラザに集結。ミッキーがシンデレラ城のバルコニーやキャッスル・フォアコートに登場。
	11月4日～12月25日	「クリスマス・ファンタジー」開催。キャッスルショー「ミッキーのメリークリスマス」を上演。

2004年	1月12日〜4月11日	「リメンバー・ザ・ドリーム」上演。2003年から続く20周年のファイナルを飾った盛大なキャッスルショー。
	1月17日〜4月11日	「シンデレラブレーション：ライツ・オブ・ロマンス」開催。
	6月14日〜8月31日	「バズ・ライトイヤー夏の大作戦」開催。
	7月17日〜8月31日	「ブレイジング・リズム」上演。ゲスト参加の音楽やダンスもこの年に一新。
	11月5日〜12月25日	「クリスマス・ファンタジー」開催。キャッスルショー「ミッキーのクリスマスプレゼント」を上演。
2005年	1月17日〜3月18日	「シンデレラブレーション：ライツ・オブ・ロマンス」開催。
	4月15日〜8月31日	「ディズニー・ロック・アラウンド・ザ・マウス」開催。この年50周年を迎えたアメリカのディズニーランドを祝い、パークがオープンした1950〜1960年代のオールデーズをちりばめたショーを開催。夏の期間には水の演出も加わった。
	7月1日〜8月31日	「ブレイジング・リズム」上演。
	11月7日〜12月25日	「クリスマス・ファンタジー」開催。キャッスルショー「ミッキーのマジカルクリスマスツリー」を上演。
2006年	1月17日〜3月17日	「シンデレラブレーション：ライツ・オブ・ロマンス」開催。
	3月3日	「ガールズ・フェスティバル」。応募の中から選ばれた303名の女性ゲストが、シンデレラ城の前に大集合した。
	6月	シンデレラ城の壁面をリニューアル。
	7月20日〜8月31日	「クール・ザ・ヒート」上演。シンデレラ城前で行われたウォータープログラム。
	9月12日〜10月31日	「ディズニー・ハロウィーン」開催。「クーキーブーキー・ハロウィーンナイト」を上演。
	11月7日〜12月25日	「クリスマス・ファンタジー」開催。点灯式「トゥインクル・ホリデーモーメント」を上演。
2007年	1月17日〜3月16日	「シンデレラブレーション：ライツ・オブ・ロマンス」開催。
	1月17日〜3月23日	「ディズニー・プリンセス・デイズ"ミニーの夢見るティアラ"」のイベント期間中、キャッスル・フォアコートでミニー、デイジー、マリー、クラリス、ビアンカとプリンセスたちが子どもたちと「ミニーのプリンセスグリーティング」を実施。
	2月7日〜9日	東京ディズニーランド・スペシャルナイト CLUB DISNEY "スーパーダンシン・マニア Remix" を上演。
	7月20日〜8月31日	「クール・ザ・ヒート」、「ウェット＆ワイルド・パイレーツナイト」を上演。
	9月12日〜10月31日	「ディズニー・ハロウィーン」開催。「ホーンテッド・ロッキン・ストリート」を上演。
	11月7日〜12月25日	「クリスマス・ファンタジー」開催。点灯式「トゥインクル・ホリデーモーメント」を上演。
2008年	1月17日〜3月14日	「シンデレラブレーション：ライツ・オブ・ロマンス—グランドフィナーレ！」開催。2003年の初演以来、毎年この時期に開催されていたショーが終演。
	1月17日〜3月14日	「スーパードゥーパー・ジャンピンタイム：ビビディ・バビディ・ブー！」上演。
	4月15日〜7月7日	「東京ディズニーリゾート25thアニバーサリー」。「アニバーサリー・グリーティング」を上演。
	4月15日〜	「東京ディズニーリゾート25thアニバーサリー」。花火「ドリームス」を上演。※2009年4月14日まで上演。
	7月8日〜8月31日	「スターライト・ドリームス」。ミッキーと仲間たちも25周年の衣装で登場。
	7月8日〜8月31日	「クール・ザ・ヒート」、「ディズニーキッズ・サマー・アドベンチャー」で「リズムサイズ」を上演。
	11月7日〜12月25日	「クリスマス・ファンタジー」開催。キャッスルショー「ミッキーのジョリースノータイム」を上演。
2009年	1月19日〜4月14日	東京ディズニーリゾート25thアニバーサリー・グランドフィナーレ"ドリーム・ゴーズ・オン"。キャッスルショー「ドリームス・ウィズイン」を上演。
	7月8日〜8月31日	「クール・ザ・ヒート」、「ディズニーキッズ・サマー・アドベンチャー」で「リズムサイズ」を上演。
	7月8日〜8月31日	「クラブ・モンスターズ・インク"笑いってクール！"」
2010年	1月20日〜3月19日	「ディズニー・パワー・オブ・ミュージック！」。キャッスルショー「リズム！メロディ！ハーモニー！」を上演。
	7月8日〜8月31日	「クール・ザ・ヒート」「ミッドサマーナイト・パニック」、「ディズニーキッズ・サマー・アドベンチャー」で「なかよしキッズダンス"ナミナミナ"」を上演。
	11月8日〜12月25日	「クリスマス・ファンタジー」開催。「トゥインクリング・クリスマスキャッスル」を実施。
2011年	1月20日〜3月11日	グリーティングショー「ドナルドのファニーハーモニー」を上演。
	4月15日	「シンデレラのフェアリーテイル・ホール」オープン。
	7月8日〜8月31日	「クール・ザ・ヒート」（海賊バージョン）上演。
2012年	7月9日〜8月31日	「ディズニー夏祭り」初開催。「爽涼鼓舞"ザ・ホットチャレンジ"」「爽涼鼓舞"ザ・ファイナル"」を上演。
2013年	4月15日	東京ディズニーリゾート30周年。シンデレラ城前で、30年間のショーやパレードの懐かしい衣装を着たダンサーたちが登場するセレモニーを開催。
	5月7日	「スター・ツアーズ：ザ・アドベンチャーズ・コンティニュー」のオープニングイベント開催。『スター・ウォーズ』のキャラクターに仮装したゲスト約200名とジェダイの騎士に扮したミッキー、プリンセス・レイアに扮したミニー、ダース・ベイダーが記念写真を撮影。
	7月8日〜9月2日	「ディズニー夏祭り」開催。「爽涼鼓舞"THE EMBU"」「爽涼鼓舞"THE FINAL"」を上演。
2014年	5月29日〜	ナイトエンターテイメント「ワンス・アポン・ア・タイム」スタート。
	7月8日〜8月31日	「ディズニー夏祭り」開催。「雅涼群舞」「おんどこどん！」を上演。
2015年	1月13日〜3月20日	「ワンス・アポン・ア・タイム〜スペシャルウィンターエディション〜」上演。ショーの公演内容の一部が、ディズニー映画『アナと雪の女王』をイメージした新たなシーンに変更。
	3月21日〜7月7日	「ワンス・アポン・ア・タイム〜スペシャルエディション〜」上演。当初3月20日までの上演予定だったが、延長が決定。
	7月9日〜8月31日	「ディズニー夏祭り」を開催予定。「雅涼群舞」「おんどこどん！」を上演予定。

INDEX
掲載作品データ

※年月日は、東京ディズニーリゾート・フォトグラファーが撮影した年月日を表しています。

001(カバー)	2013年1月27日／朝を迎えるシンデレラ城
A〜D	2015年1月10日／「ワンス・アポン・ア・タイム〜スペシャルウィンターエディション〜」
E〜G	2015年1月9日／「ワンス・アポン・ア・タイム〜スペシャルウィンターエディション〜」
H	2014年5月22日／「ワンス・アポン・ア・タイム」
I〜K	2014年5月15日／「ワンス・アポン・ア・タイム」
002	2011年4月12日／桜とシンデレラ城
003、004	2013年春／開園30周年のデコレーションが施されたシンデレラ城と花々
005	2007年5月9日／ヒトツバタゴとシンデレラ城
006	2008年9月2日／夏雲にそびえるシンデレラ城
007	2011年7月8日〜8月31日／「クール・ザ・ヒート」
008	2010年夏／「ミッドナイト・サマー・パニック」のフィナーレ
009	2006年8月6日／夏のシンデレラ城
010	2012年夏／「爽涼鼓舞 "ザ・ホットチャレンジ"」で虹がかかるキャッスル
011	2012年夏／「爽涼鼓舞 "ザ・ファイナル"」
012	2006年10月19日／「ディズニー・ハロウィーン」でデコレーションされたキャッスル
013、014	撮影日不明／シンデレラ城秋の夕景
015	2007年9月17日／「ディズニー・ハロウィーン」の夕景
016	2013年1月14日／雪が舞う夜のシンデレラ城
017	1998年1月／雪化粧したシンデレラ城
018〜020	2014年1月14日／雪が舞うシンデレラ城
021	2006年12月13日／「クリスマス・ファンタジー」のデコレーション
022	2012年1月24日／雪化粧したプラザとシンデレラ城
023	2015年1月14日／「アナとエルサのフローズンファンタジー」のデコレーション
024	1984年／東京ディズニーランド開園1周年のセレモニー
025	1986年4月15日／東京ディズニーランド開園3周年のセレモニー
026	1988年／東京ディズニーランド開園5周年のセレモニー
027	1993年／東京ディズニーランド開園10周年のセレモニー
028	1998年／東京ディズニーランド開園15周年のセレモニー
029	2003年／東京ディズニーランド開園20周年のセレモニー
030	2008年春／東京ディズニーリゾート25周年セレモニー（撮影／篠山紀信）
031	2013年12月31日／カウントダウン・パーティー2014
032	1999年12月31日／ミレニアム・カウントダウン・パーティー
033	1995年12月31日／カウントダウン・パーティー1996
034	2006年12月31日／カウントダウン・パーティー2007
035	2007年12月28日／カウントダウン・プレビューナイト2008
036	1987年12月31日／ニューイヤーズ・イブ・パーティー
037	2001年12月31日／カウントダウン・パーティー2002
038、039	撮影日不明／スターライト・ファンタジー
040	2012年9月9日／ナイトハイ・ハロウィーン
041	2006年12月5日／クリスマスウィッシュ・イン・ザ・スカイ
042	1993年11月25日〜12月26日／クリスマス・ファンタジー・イン・ザ・スカイ
043	2008年4月11日／ドリームス
044	2001年1月19日〜5月31日／「ディズニー・パーティーエクスプレス！」のフォトロケーション
045	1986年5月／「フェスティバル・アメリカ」のミッキー
046	1983年11月18日／「ハッピーバースデー・ミッキー」
047	2003年4月15日〜9月19日／「ミッキーのギフト・オブ・ドリームス」
048	1987年11月／「WE LOVE ミッキーマウス」
049	撮影日不明／「ディズニー・ファンタジー・オン・パレード」
050	2009年9月1日／ジュビレーション！
051	2005年4月12日／「ディズニー・ロック・アラウンド・ザ・マウス」
052	2007年6月9日／「ディズニー・ドリームス・オン・パレード "ムービン・オン"」
053	2006年3月31日／「ディズニー・ドリームス・オン・パレード "ムービン・オン"」
054	2007年6月9日／「ディズニー・ドリームス・オン・パレード "ムービン・オン"」
055	2010年9月9日〜10月31日／「ディズニー・ハロウィーンストリート "ウェルカム・トゥ・スプーキーヴィル"」
056	2007年11月7日／「ディズニー・クリスマスドリームス・オン・パレード」
057	1994年4月29日〜11月14日／「アラジンの大冒険」
058	1999年6月9日／「ドナルドのワッキーバースデー」
059	1988年10月1日〜11月23日／「ミッキーマウス・バースデー・パーティー」
060	1993年4月15日〜1994年4月14日／「東京ディズニーランド10thアニバーサリー・イッツ・マジカル！」
061	1991年4月15日／「ディズニー・パーティグラ・パレード」
062	1999年4月15日〜10月15日／「ドナルド・ワッキーキングダム」のフォトロケーション
063	2010年5月13日／新緑に映えるシンデレラ城
064	2010年5月21日／トゥモローランド側から望む、緑のなかのシンデレラ城
065	2007年9月／ウエスタンランド側のプラザから見たシンデレラ城
066	2007年9月／トゥモローランドから望むシンデレラ城
067	2008年5月16日／新緑の額縁に映える初夏のシンデレラ城
068	2013年7月8日／30周年を祝福する、ダブルレインボーがシンデレラ城に
069	2014年4月15日／幻想的に赤く映る満月とシンデレラ城
070	2012年5月21日／シンデレラ城の背景に定点撮影で撮られた、神秘的な金環日蝕
071	2011年10月25日／パークの空に現れた、虹とミッキーのような雲
072	2014年10月14日／強い日差しで、切り絵のように見えるシンデレラ城
073	2011年1月17日／ウエスタンランドから見た、池に映り込むシンデレラ城
074	撮影日不明／デイタイムのシンデレラ城とパートナーズ像
075、076	2014年7月11日／西の空が赤く染まり始めたファンタジーランド
077	撮影日不明／大空にそびえ立つシンデレラ城
078	2011年10月25日／プラザから撮影した、シルエットアートのようなキャッスル
079	2011年12月28日／お城のライトアップが輝き出すサンセット
080	1999年11月4日〜12月25日／ウエスタンランド側から見た、クリスマスのシンデレラ城
081	2008年11月10日／東京ディズニーリゾート25周年とクリスマスのイルミネーションにきらめくキャッスル
082	1996年11月15日〜12月25日／池に映る、ライトアップされた美しいシンデレラ城
083	2004年11月26日／雪の結晶が降り注ぐ、マジカルなシンデレラ城
084、085	1996年11月15日〜12月25日／幻想的な「クリスマス・ファンタジー」のイルミネーション
086	2011年12月28日／星が輝きはじめる夕景のシンデレラ城
087	撮影日不明／ウエスタンランドのストリートから眺める、キャッスルのライトアップ
088	2003年1月25日〜3月20日／「シンデレラブレーション：ライツ・オブ・ロマンス」で16万個ものライトが輝いたシンデレラ・キャッスル・ガーデン
089	2008年1月17日〜3月14日／「シンデレラブレーション：ライツ・オブ・ロマンス—グランドフィナーレ！」
090	撮影日不明／レーザーがきらめくナイトエンターテイメント「スターライト・ファンタジー」
091	2007年9月／「ホーンテッド・ロッキン・ストリート」
092	2005年1月18日／「シンデレラブレーション：ライツ・オブ・ロマンス」の戴冠式
093	2007年7月24日／「ウェット＆ワイルド・パイレーツナイト」
094	2008年7月8日／東京ディズニーリゾート25周年2ndステージ「スターライト・ドリームス」
095	1998年／東京ディズニーランド15周年2ndシーズン「スターライト・マジック」
096	2007年7月17日／「ウェット＆ワイルド・パイレーツナイト」
097	2009年12月31日／カウントダウン・パーティー2010
098	2007年9月／「ホーンテッド・ロッキン・ストリート」
099	2010年1月10日／「リズム！メロディ！ハーモニー！」フィナーレ
100	1988年4月15日／東京ディズニーランド開園5周年ワールドプレミア・セレブレーション

113

TOKYO Disney RESORT. Photography Project

Imagining the Magic
Cinderella Castle 100

東京ディズニーリゾート シンデレラ城 夢と魔法の100

2015年6月16日　第1刷発行

発行者	清水保雅
発行所	株式会社 講談社　KODANSHA
	〒112-8001　東京都文京区音羽2-12-21
	電話　編集部 03-3945-1673
	販売部 03-5395-4415
	業務部 03-5395-3603

カバー、本文デザイン	吉野享司（POSITION）
編　集	ディズニーファン編集部
エディター	農村清人

Cooperation	株式会社オリエンタルランド
	株式会社フォトワークス
	株式会社デザインファクトリー
	ウォルト・ディズニー・アトラクションズ株式会社

印刷所	大日本印刷株式会社
製本所	株式会社　国宝社

©Disney　©Disney/Pixar　©Disney "Winnie the Pooh" characters are based on the "Winnie the Pooh" works, by A.A. Milne and E.H. Shepard
Roger Rabbit Character ©Disney/Amblin

N.D.C.748　114p　30cm
定価はカバーに表示してあります。　　　　　　　　　Printed in Japan

本書のコピー、スキャン、デジタル化等の無断複製は著作権法上での例外を除き禁じられています。本書を代行業者等の第三者に依頼してスキャンやデジタル化することは、たとえ個人や家庭内の利用でも著作権法違反です。
Ⓡ〈日本複製権センター委託出版物〉
本書からの複製を要望される場合は、日本複製権センター（☎03-3401-2382）までご連絡ください。
落丁本・乱丁本は、購入書店名を明記のうえ、小社業務あてにお送りください。
送料小社負担にてお取り替えいたします。なお、この本の内容についてのお問い合わせは、講談社「ディズニーファン編集部」あてにお願いいたします。

ISBN978-4-06-339773-4